ro
ro
ro

Moritz Matthies hat mit den Erdmännchen-Krimis (u. a. «Ausgefressen», «Dumm gelaufen») bereits sein treffsicheres Gespür für tierischen Spaß bewiesen. Diesmal ist er auf den Hund gekommen, das erfolgreichste Haustier der Welt. Der Bestsellerautor ist damit in seinem Element, denn er «besticht durch Menschensatire mit Tierschnauze und einen hochwitzigen Dialoganteil», wie die *Westdeutsche Allgemeine Zeitung* schrieb.

MORITZ MATTHIES

Guten MORGEN, MISS HAPPY

Rowohlt
Taschenbuch Verlag

Originalausgabe
Veröffentlicht im Rowohlt Taschenbuch Verlag,
Reinbek bei Hamburg, Oktober 2018
Copyright © 2018 by Rowohlt Verlag GmbH,
Reinbek bei Hamburg
Umschlaggestaltung any.way,
Barbara Hanke / Cordula Schmidt
Umschlagmotiv Elke Vogelsang
Satz aus der Linotype Palatino
Gesamtherstellung CPI books GmbH,
Leck, Germany
ISBN 978 3 499 27604 0

INHALT

WEGE ZUM RUHM

W as hältst du davon, wenn ich ein Buch schreibe?»
Miss Happy hebt ihren schwarzen Labradorkopf.
«Ein Buch? Worüber?»

Ich nippe am ersten Espresso des Tages. Die Sonne
scheint durchs Küchenfenster. Wie üblich schläft der
Rest meiner Familie noch.

«Na, über dich und mich», antworte ich.

«Du willst ein Buch über mich schreiben? Find ich
gut.»

«Über uns», korrigiere ich leicht pikiert. «Über unsere Gespräche und Erlebnisse. Eben ein Buch über einen
Mann und seinen Hund.»

«Aber hauptsächlich geht es doch um mich, oder?»,
fragt Miss Happy.

«Nein. Es geht um uns beide», erwidere ich.

Miss Happy überlegt eine Weile, dann sagt sie: «Keine schlechte Idee, aber ich glaube, du solltest noch am
Konzept feilen.»

«Inwiefern?»

«Ich frage mich zum Beispiel, wieso *du* darin vorkommen musst.»

«Was meinst du damit?»

«Na, ich bin mir nicht sicher, ob du irgendetwas zum
Erfolg meines Buches beisteuern kannst», sagt Miss

Happy. «Ich meine, Geschichten über Durchschnitts-typen gibt es ja wie Sand am Meer. Sprechende Hunde sind hingegen rar.»

«Aber ich bin Teil dieser Geschichte», bringe ich perplex hervor. «Zum Beispiel bin ich es, der heraus-gefunden hat, dass du sprechen kannst, weil ich dich beim Plaudern mit dem Sprachassistenten erwischt habe.»

«Ich hab nicht geplaudert, ich wollte nur den Fern-seher einschalten», erwidert Miss Happy. «Übrigens werden es mir sehr viele Hunde übelnehmen, wenn ich dieses kleine Geheimnis lüfte.»

«Du meinst, wenn du verrätst, dass du sprechen kannst?»

«Ich verrate ja auch, dass alle Hunde sprechen kön-nen. Und dann ergeht es uns Hunden wie den Papagei-en: Seit raus ist, dass die sprechen können, haben sie keine ruhige Minute mehr. Wenn mein Buch die Hun-debesitzer zu Haustierdialogen ermutigt, dann wird man es mir ankreiden, dass wir jetzt auch noch zum Quatschen herhalten müssen.»

Ich winke ab. «Sieh die Sache mal nicht zu drama-tisch. Ich bin sicher, dass man die Geschichte als Fiktion betrachten wird. Selbst Sabine und Emily haben keine Ahnung davon, dass du sprechen kannst. Und die woh-nen immerhin mit dir unter einem Dach.»

«Apropos», hakt Miss Happy ein. «Warum tauchen Sabine und Emily eigentlich nicht in meinem Buch auf? Ich meine, wenn du schon unbedingt erwähnt werden willst, dann gilt ja wohl gleiches Recht für deine Frau und deine Tochter, oder?»

«Natürlich sollen sie auch erwähnt werden», sage ich. «Offiziell bist du der Hund unserer Tochter, und Emily hat dir auch deinen Namen gegeben.»

«Zumindest eine Hälfte davon», wirft Miss Happy ein.

«Genau. Sabine hat die Anrede erfunden, weil du sie an die Südstaaten-Miss Scarlett O'Hara erinnerst.»

«Eben. Klingt trotzdem, als würde da jetzt noch ein Aber kommen.»

«Ja. Da Emily und Sabine nicht wissen, dass du reden kannst, sind unsere gemeinsamen Aktivitäten als Familie nicht besonders spannend. Ich meine, wir leben einen normalen Alltag – mit Hund.»

«Das sehe ich etwas anders», widerspricht Miss Happy. «Es gab in meinem jungen Leben schon eine Menge besonderer Momente. Etwa unsere allererste Begegnung. Erinnerst du dich? Wie ich als zuckersüßer Welpe Emily entgegengelaufen bin? Daraus könnte selbst ein unbegabter Schriftsteller eine herzergreifende Geschichte machen. Oder denk an unsere gemeinsam durchwachten Nächte. Ich immer an deiner Seite, weil du so eine seltsame innere Unruhe hattest und nicht schlafen konntest.»

«Du warst es, die nicht schlafen konnte», sage ich aufgebracht. «Weil du als kleiner Hund immer mitten in der Nacht aufgewacht bist und dann unbedingt spielen wolltest.»

«Stimmt! War das nicht auch sehr süß?», fragt Miss Happy. «Schreib das auf, das muss unbedingt in mein Buch.»

«Ich fand es überhaupt nicht süß», erwidere ich. «Im

Gegenteil, wenn Sabine nicht dagegen gewesen wäre, dann würdest du jetzt in einer Hundehütte im Garten wohnen.»

«Wirklich? Du hattest vor, mich in den Garten zu verbannen?» Miss Happy hebt verächtlich eine Lefze. «Und so jemanden soll ich in meinem Buch erwähnen?»

Mir platzt der Kragen. «Es ist nicht dein Buch. Wenn überhaupt, dann ist es unser Buch. Eigentlich ist es aber sogar mein Buch, weil ich nicht nur die Idee dazu hatte, sondern es auch eigenhändig schreiben werde.»

«Ach ja? Dann sind wohl auch nur dein Name und dein Bild vorne drauf, oder was?»

«Na ja, ehrlich gesagt denke ich, ein guter Titel wäre so was wie: Hallo, Walter. Weil du mich doch immer so begrüßt, wenn ich in die Küche komme.»

«So habe ich dich im Leben noch nicht begrüßt», widerspricht Miss Happy. «Aber erzähl weiter. Wie sieht das Cover von diesem Ladenhüter aus?»

«Ich dachte, ich bin frontal zu sehen und schaue in die Kamera, also dem Leser direkt in die Augen. Ich fände es ganz schön, wenn du vom unteren linken Bildrand zu mir hochschauen würdest.»

Miss Happy zieht die Lefzen hoch und lässt sie im Strom ihrer Atemluft flattern. Das ist ihre Art, herzhaft zu lachen.

«Gehe ich recht in der Annahme, dass du meine Vorschläge nicht so toll findest?», frage ich gereizt.

Sie schnauft amüsiert. «Walter, wenn du die Wahl zwischen einem Buch mit dem Bild eines jungen schwarzen Hundes und einem Buch mit dem Bild eines alten weißen Mannes hast, dann nimmst du nicht das Buch mit dem alten Knacker», sagt Miss Happy. «Du nimmst selbstverständlich das mit dem jungen Hund.»

«Verstehe. Das heißt dann wohl, du möchtest gern aufs Cover, richtig?»

«Eine sehr gute Idee von dir», antwortet Miss Happy.

«Und erwartest du, dass ich vom unteren linken Bildrand zu dir aufschaue?»

«Nein. Selbst wenn man dein Gesicht nur am unteren linken Rand sehen würde, wäre das Cover ruiniert. Es ist viel besser, wenn man dich überhaupt nicht sieht.»

«Aber dann passt der Titel ja gar nicht mehr», wende ich ein.

«Was für ein glücklicher Zufall», erwidert Miss Happy ungerührt. «*Hallo, Walter* ist ja auch kein Titel, sondern eine kreative Bankrotterklärung. Wir nennen das Buch *Guten Morgen, Miss Happy*. Mein Konterfei wird auf einem satten Gelb erscheinen. Das weckt Assoziationen an die aufgehende Sonne und wirkt nebenbei frisch und freundlich. Was hältst du davon?»

«Heißt das, ich tauche gar nicht auf?», frage ich ernüchtert.

«Doch», entgegnet Miss Happy. «Sogar ständig. In den Geschichten. Wir sind doch ein Team. Wie Sherlock Holmes und Dr. Watson. Oder Don Quixote und Sancho Panza. Oder Batman und Robin.»

Ich überlege. Ganz unrecht hat sie nicht. Ich sollte mich um der Sache willen wohl damit zufriedengeben, nur eine untergeordnete Rolle zu spielen, und Miss Happys Vorschläge akzeptieren.

«Na ja, immerhin werde ich als Autor genannt», sage ich und finde es tröstlich, dass wenigstens mein Name auf dem Cover erscheinen wird. «Das ist ja auch nicht zu verachten.»

Miss Happy schüttelt den Kopf. «Glaub mir, Walter. Es ist keine gute Idee, das Buch unter deinem richtigen Namen herauszubringen.»

«Warum nicht?», frage ich empört.

«Habe ich dir doch gesagt. Viele Hunde werden nicht begeistert darüber sein, dass ich unser Geheimnis ausplaudere. Wir ersparen uns also eine Menge Ärger, wenn nicht jeder sofort nachvollziehen kann, wer du bist und wo wir wohnen. Oder willst du, dass Hunde- und Pressemeuten unser Haus belagern?»

Natürlich will ich das nicht. Und da das von Miss Happy entworfene Szenario nicht völlig unrealistisch ist, füge ich mich erneut in mein Schicksal.

«Gut, dann erscheint das Buch eben auch noch unter Pseudonym», sage ich geschlagen.

«Prima», freut sich Miss Happy. «Kann ich sonst noch was für dich tun, Walter? Hast du weitere Wünsche?»

Da ich ahne, dass ich auch den Kürzeren ziehen werde, wenn ich jetzt über die Verteilung der Tantiemen verhandele, sage ich: «Nö. Alles bestens. Genau so machen wir es.»

Miss Happy freut sich.

Ich nicke bestätigend. Manchmal muss man einsehen, dass man seinem Hund einfach nicht das Wasser reichen kann.

HUNDEMÜDE

ch werde jetzt aufs Bett springen.»

Miss Happy weiß ganz genau, dass ich das nicht erlaube. Schlaftrunken nuschele ich: «Wie bitte?»

«Ich sagte, ich werde jetzt aufs Bett springen», wiederholt sie.

Ich bin zu müde, um mich in eine aufrechte Position zu bringen. Wenn ich ihre Stimme richtig verorte, dann dürfte sie am linken Fußende des Doppelbettes stehen. Bereit, mit nur einem Satz dahin zu gelangen, wo eine weiche Matratze mit kuscheligen Kissen und Decken auf sie wartet.

«Du wirst ganz sicher nicht aufs Bett springen», sage ich so bestimmt, wie mein Zustand es erlaubt.

«Werde ich doch», kontert sie trotzig.

«Nein. Wirst du nicht.»

«Werde ich doch.»

«Wirst du nicht.»

«Werde ich doch.»

Das Hin und Her macht mich noch müder, als ich es ohnehin schon bin. Es entsteht ein kurzer Moment der Stille, dann fragt sie: «Also, was ist jetzt? Darf ich?»

«Du kennst die Antwort.»

«Ach, komm schon, Walter. Wenn Sabine und Emily hier wären, dann dürfte ich jetzt auch ins Bett.»

«Sabine und Emily sind aber erst heute Abend wieder da. Und so lange gelten hier meine Regeln.»

Es klingt, als würde sie herzhaft gähnen. Dann höre ich sie sagen: «Willst du wirklich an einem schönen Sonntagmorgen um kurz vor sechs über deine idiotischen Regeln diskutieren?»

«Es ist erst kurz vor sechs?», frage ich und merke, dass ich zu müde bin, um mich angemessen darüber aufzuregen, dass unser Hund mich um diese Zeit in eine Grundsatzdiskussion verwickeln will.

«Ja. Fünf Uhr zweiundfünfzig. Lass mich doch jetzt einfach aufs Bett springen, dann gönnen wir beide uns noch eine ordentliche Mütze Schlaf. Ich verspreche dir, ich werde dich nicht vor halb neun wecken. Ist das ein faires Angebot?»

«Du willst mich bestechen?»

«Wenn es um Freiheit und Komfort geht, ist mir jedes Mittel recht», verkündet Miss Happy.

Ich grinse müde, rutsche ein Stückchen hoch und lehne mich an das Kopfteil. Ich kann jetzt ihre Nasenspitze sehen. «Es ist nicht so, dass ich es dir nicht gönnen würde, bei uns im Bett zu schlafen …»

«Super, dann darf ich jetzt?», unterbricht sie und setzt zum Sprung an, was ich daran erkenne, dass ihre Nasenspitze unter dem Bett verschwindet.

«Nein. Lass mich ausreden. Ich bin prinzipiell der Ansicht, dass Hunde im Bett und im Bad nichts verloren haben …»

«Ach, nicht schon wieder die alte Leier», wirft sie ein.

«Doch, und ich werde das so lange wiederholen, bis alle es verstanden haben, du eingeschlossen. Ich meine, du benutzt weder die Toilette, noch duschst du dich. Du benötigst keinen Föhn und keine elektrische Zahnbürste, denn wenn du dir die Zähne putzen willst, dann machst du das mit einem lederähnlichen Kaustreifen, der nach Rinderhintern schmeckt. Was, zur Hölle, hast du also im Badezimmer verloren?»

Ihre Nasenspitze taucht wieder auf. Miss Happy streckt sich, um mich sehen zu können. «Wer weiß? Vielleicht schminke ich mich ja heimlich.»

«Im Ernst. Warum gehen Hunde gern ins Bad? Kannst du mir das erklären?»

«Wir sind einfach neugierig», antwortet sie. «Und es gibt dort eine Menge zu entdecken. Diese vielen Cremes und Lotions, Seifen und Parfums, das ist wie eine Duftexplosion. Wie Achterbahnfahren: Es brizzelt so schön im Hinterkopf. Außerdem macht es uns Spaß, Wäsche aus dem Bad zu klauen.»

Ich verschränke die Arme vor der Brust. «Mmmmh.»

«Und warum ich morgens gern bei euch in diesem wahnsinnig weichen Bett liege, muss ich dir nicht erklären, oder?»

«Nein, das leuchtet ein», gebe ich zu.

«Heißt das, du hast es dir überlegt? Darf ich jetzt endlich?», fragt sie erwartungsvoll.

Beinahe bin ich versucht, Fünfe gerade sein zu lassen. Es ist Sonntag, im Bett ist genug Platz, außerdem hat sie höflich gefragt. Und es stimmt, wenn Sabine und Emily hier wären, dann läge sie längst zwischen den Kissen. Andererseits kann man ein Prinzip nicht nach Belieben auslegen. Sonst wäre es ja kein Prinzip. «Tut mir leid, aber die Antwort ist: Nein.»

«Du bist ein sturer Hund», sagt Miss Happy. «Wann gibt's Frühstück?»

«Frühestens gegen acht», antworte ich und rutsche wieder ins Kissen. «Und jetzt entschuldige mich, ich möchte gern noch etwas schlafen.»

Stille.

Ich höre, dass sie das Schlafzimmer verlässt. Ihre Krallen verursachen auf dem Holzfußboden ein leises Klackern, das durch den Flur in die Küche wandert und dort verstummt.

Ich vermute, sie hat sich in ihr Körbchen gelegt und wartet jetzt auf ihr Frühstück. Zufrieden schließe ich die Augen.

Sekunden später höre ich Miss Happy sagen: «Alexa, schalte den Fernseher ein!»

Während mir unser Sprachassistent dazwischenquatscht, rufe ich: «Der Fernseher bleibt aus!»

Zu spät. Ich reiße die Augen auf, weil die Eröffnungsfanfaren der Uralt-Fernsehserie «Dallas» durch die Wohnung scheppern.

«Entschuldigung», ruft Miss Happy und hat Mühe, den Krach zu übertönen. Sie befiehlt Alexa, den Fernseher auszuschalten, um gleich danach «I Don't Like Mondays» von den Boomtown Rats zu bestellen.

«Auch keine Musik!», rufe ich genervt.

«Aber das war doch mal dein Lieblingslied», erwidert Miss Happy. «Damals, als du jung warst.»

Hätte ich ihr das nur nie erzählt. «Mach es aus!»

«Was ist mit einem Hörspiel? Darf ich ein Hörspiel?»

«Nein! Auch kein Hörspiel!»

«Und Tierstimmen raten?»

«Mach die Kiste aus, verdammt! Es ist sechs Uhr morgens, und die Leute wollen schlafen. Ich übrigens auch.»

Miss Happy schaltet folgsam die Musik aus. Sekundenlang herrscht angenehme Ruhe, dann höre ich sie in die Küche tippeln, von dort in den Flur und dann wieder ins Schlafzimmer. Diesmal bleibt sie nicht am Fußende stehen, sondern sie umrundet das Bett und kommt auf meine Seite. Dort hockt sie sich hin und sieht mich an.

«Was soll das werden?», frage ich.

«Nichts», antwortet sie. «Ich warte einfach hier, bis du fertig bist. Keine Sorge, ich bin ganz leise.»

Wir sehen uns an wie zwei Revolverhelden, die sich zum Duell gegenüberstehen.

«Du denkst, es stört mich, dass du mich beobachtest?», frage ich.

«Tut es das denn?», erwidert sie scheinheilig.

«Nicht die Bohne», sage ich und wende ihr den Rücken zu, indem ich mich auf die Seite rolle.

«Dann schlaf gut», sagt sie.

«Mach ich», antworte ich. Aber das ist leichter gesagt als getan, wenn dein Hund dich anstarrt.

Ich warte darauf, dass sie etwas tut oder sagt, aber es bleibt mucksmäuschenstill. «Willst du da jetzt wirklich zwei Stunden sitzen und warten?»

«Ich bin ein Hund», antwortet sie. «Wenn ich etwas richtig gut kann, dann ist es warten.»

Ich seufze. Das war es dann wohl. Sie hat gewonnen.

Ich drehe mich wieder zu ihr. «Du bleibst auf Sabines Seite und in der unteren Hälfte des Bettes. Und du wirst nicht hecheln, schmatzen oder an dir herumlecken. Und an mir auch nicht. Ist das klar?»

«Alles klar», sagt sie, huscht auf die andere Seite des Bettes und springt hoch. Die Matratze bewegt sich sachte, während sie nach einer Position sucht, die ihr angenehm ist.

Dann liegt sie da und ist im Nu eingeschlafen.

Ich denke darüber nach, mir einen Kaffee zu machen. An Schlaf ist heute Morgen sowieso nicht mehr zu denken.

BODY MASS INDEX

«Findest du mich eigentlich zu dick?», fragt Miss Happy. Ich bereite gerade ihr Frühstück vor, und sie verfolgt jeden meiner Handgriffe mit Argusaugen.

«Nö. Wieso?»

«Weil ich offensichtlich neuerdings weniger Fleisch und mehr Gemüse bekomme», sagt sie mit leiser Empörung in der Stimme. «Willst du mich auf Diät setzen, oder was?»

«Nein. Das ist reiner Zufall», wiegele ich ab. «Ich mische dein Futter nach Gefühl und Augenmaß. Ich vermute, heute Morgen ist mir einfach nur ein bisschen mehr Gemüse reingerutscht. Macht aber nichts. Heute Abend kriegst du dann wieder ein bisschen mehr Fleisch. Okay?»

«Soso. Nach Gefühl und Augenmaß», wiederholt sie schnippisch. «Und wozu dann die Küchenwaage?»

«Welche Küchenwaage?», frage ich und tue so, als hätte ich sie gerade erst bemerkt. «Ach die! Die ist nur zur Kontrolle der Gesamtmenge.»

Ich sehe Miss Happy an, dass sie mir kein Wort glaubt. Stumm und vorwurfsvoll blickt sie mich mit ihren rehbraunen Augen an.

«Also gut», sage ich geschlagen. «Die Tierärztin meinte, dass du ein klitzekleines bisschen zu viel wiegst. Nur ein paar hundert Gramm, kaum der Rede wert. Aber gerade in der Wachstumsphase sollte man bei Labradoren darauf achten ...»

«... dass sie nicht zu schnell wachsen, weil sich sonst das Knochengerüst ungünstig entwickeln kann», vollendet Miss Happy den Satz. «Ich weiß. Ausnahmsweise habe ich der Ärztin an diesem Tag auch mal zugehört. Ich kann mich aber nicht daran erinnern, dass sie mich auf Diät gesetzt hat.»

«Diät. Das ist ein großes Wort für ein bisschen weniger Fleisch und ein paar Möhren mehr», versuche ich die Situation zu entschärfen. «Und den Vorschlag hat sie mir beim Gehen gemacht, quasi zwischen Tür und Angel. Und es war nicht die Rede davon, dass du ein Gewichtsproblem hast. Es geht ihr nur darum, dass wir auf deine schlanke Linie achten. Das ist alles. Und ich finde die Idee nicht schlecht.»

«Soso. Meine schlanke Linie liegt dir also am Herzen.»

«Nicht nur mir. Auch der Tierärztin. Ich glaube, du hast sie nur nicht gehört, weil du da gerade bei der Sprechstundenhilfe warst, um dir ein paar Leckerlis abzuholen.»

«Oh! Was war das?», fragt Miss Happy spitz. «Ein dezenter Hinweis darauf, dass ich mein Idealgewicht leichtfertig durch Naschereien aufs Spiel setze?»

«Das hast du jetzt gesagt.»

«Aber du hast es gedacht.»

Ich zucke mit den Schultern. «Wie gesagt, ich finde, ein bisschen weniger Fleisch und etwas mehr Gemüse ist nichts, worüber man sich aufregen sollte.» Ich stelle ihr den Napf hin. «Guten Appetit.»

Sie sitzt nur da und rührt ihr Frühstück nicht an.

«Du bist jetzt nicht wirklich eingeschnappt, oder?»

«Sag mal, was ist denn eigentlich mit deiner schlanken Linie?», fragt sie.

Kein schlechter Schachzug. Man muss kein Ernährungsspezialist sein, um zu erkennen, dass mich nicht nur ein paar hundert Gramm, sondern eher ein paar Kilo von meiner Bikinifigur trennen. «Du, keine Ahnung, aber ich glaube, meine Figur ist okay. Zu meinem Gewicht hat die Tierärztin jedenfalls nichts gesagt.»

«Netter Versuch», erwidert Miss Happy und zieht die Lefzen hoch, als würde sie grinsen. «Zum Glück gab es kürzlich im Fernsehen einen interessanten Bericht über den Body Mass Index. Lass uns doch mal sehen, wie es sich damit bei dir verhält. Wie groß bist du? Ich würde sagen, so um die eins achtzig?»

«Eins fünfundachtzig», korrigiere ich mit fester Stimme.

«Das ist gelogen. Ich vermute also, eher eins neunundsiebzig.»

«Was? Frechheit. Ich bin eins dreiundachtzig. Das stimmt. Wirklich.»

«Na gut. Wollen wir das mal glauben. Und was wiegst du?»

«Sechsundachtzig Kilo.»

Wieder zieht sie die Lefzen hoch. «Dann trägst du eine verdammt schwere Unterhose. Als du kürzlich im Bad auf der Waage standest und ich zufällig vorbeikam, da habe ich vorn eine Neun gesehen. Leider konnte ich die hintere Zahl nicht erkennen, weil dein dicker Zeh im Weg war.»

«Wenn ich im Bad bin, dann hast du da nichts verloren», sage ich unwirsch. «Hunde gehören nicht ins Bad.»

«Und nicht ins Bett, ich weiß», ergänzt Miss Happy. «Aber trotzdem sind Hunde von Natur aus neugierig. Wenn niemand wissen darf, dass du mehr als neunzig Kilo wiegst, dann mach doch einfach die Badezimmertür zu.»

«Ich wiege zufällig ganz genau neunzig Kilo», lüge ich. «Und zwar auf den Punkt genau.»

Miss Happy sieht mich mit steinerner Miene an.

«Maximal einundneunzig», lenke ich ein. «Einundneunzigeinhalb.»

«Es sind mindestens fünfundneunzig», erwidert sie. «Und wir beide wissen das. Nebenbei ist es echt peinlich, dass du nicht einfach zu deinem Gewicht stehen kannst wie andere Übergewichtige auch.»

«Wie andere Übergewichtige …?», wiederhole ich empört.

«Willst du das etwa leugnen?», fragt sie.

«Worauf willst du eigentlich hinaus?», versuche ich von den Fakten abzulenken.

«Das ist ganz einfach. Ich will darauf hinaus, dass du zwar eindeutig zu viel auf den Rippen hast, ich aber diejenige bin, die fasten muss. Wo ist denn da die Logik?»

«Ich habe nicht eindeutig zu viel auf den Rippen. Ich bin möglicherweise nur ein bisschen korpulent.»

«Korpulent, aha. Meinst du eher so pummelig-korpulent oder mehr so feist-korpulent?», fragt Miss Happy unschuldig.

Ich überhöre die Beleidigung. «Außerdem bist du ein Hund. Für dich und mich gelten völlig verschiedene

Regeln. Wenn du abnehmen musst, dann muss ich das noch lange nicht.»

«Mag ja sein», erwidert Miss Happy. «Sofern ich allerdings die regelmäßigen Ermahnungen von Sabine richtig verstehe, dann müsstest auch du abnehmen. Du tust es nur einfach nicht. Oder wenn du es doch mal versuchst, dann nur halbherzig.»

«Und was hat das jetzt damit zu tun, dass du für eine Weile mal mehr Möhren essen sollst?», will ich wissen.

«Ganz einfach. Wir wollen uns offensichtlich beide zu nichts zwingen lassen. Wir möchten zumindest gefragt werden, bevor wir uns dazu entscheiden, unsere Gewohnheiten zu ändern. Und ich finde, das ist auch nicht zu viel verlangt. Du musst mich also wenigstens fragen, bevor du meine Rationen kürzt.»

Ich überlege. Das leuchtet ein. «Du hast recht. Das klingt fair. Also dann: Möchtest du für eine Weile auf einen kleinen Teil deiner Tagesration an Fleisch verzichten und stattdessen mehr Gemüse essen? Das würde dir guttun, sagt die Tierärztin. Und es wäre nur für ein paar Wochen.»

«Auf gar keinen Fall», erwidert Miss Happy wie aus der Pistole geschossen. «Gib mir jetzt sofort alles zurück, was du mir eben geklaut hast!»

«Aber …»

«Kein Aber. Ich habe mich entschieden. Wenn du mich schon fragst, dann akzeptiere gefälligst meine Entscheidung. Ich lebe ja auch damit, dass du dich im Park kaum bewegst, sondern meistens auf der Bank sitzt, während ich ganz allein …»

«Schon gut, schon gut», sage ich kapitulierend und

gebe die Hühnchenstücke in den Napf, die ich eben von Happys Ration abgezogen habe. «Bitte sehr. Guten Appetit.»

«Verbindlichsten Dank», sagt sie. «Ich sehe, wir verstehen uns.»

Dann schlägt sie zufrieden ihre Zähne ins Frühstück.

TREUE SEELEN

Als ich in die Küche komme, hockt Miss Happy vor der Terrassentür und blickt träumerisch in den Garten.

«Was machst du da?», frage ich.

«Sollte ein Sonnengruß werden», antwortet sie. «Hat sich aber gerade erledigt. Wenn du hier bist, dann kann ich mich nicht konzentrieren.»

«Soll ich wieder ins Bett gehen?», frage ich.

«Nö, passt schon», sagt sie. «Irgendwann hätte ich ja auch gern Frühstück.»

«Siehste. Das dachte ich mir.»

«Wie war euer Theaterabend?», will sie wissen.

«Interessant», antworte ich. «Wir haben uns eine dreistündige, sehr düstere Inszenierung von Homers Odyssee angesehen.»

«Das klingt stinklangweilig.»

«Ja, das war es auch», gebe ich zu.

«Warum besuchen Sabine und du eigentlich immer staubtrockene Kulturevents, wenn Emily mal bei einer Freundin übernachtet? Macht euch doch einfach einen schönen Abend. »

«Haben wir ja», antworte ich. «Sabine wollte das Stück unbedingt sehen, also habe ich ihr den Gefallen getan. Im Gegenzug waren wir danach noch beim Italiener. So was nennt man Kompromiss. Und ich glaube, es ist außerdem das Geheimnis einer guten Ehe.»

Miss Happy nickt anerkennend. «Falls es dich interessiert, ich habe mir gestern einen Film angesehen, der auch stinklangweilig war.»

«Worum ging es?»

«Um einen Hund namens Hachiko. Ein Akita.»

«Ein was?»

«Akita. Das ist eine japanische Hunderasse. Die erinnern ein bisschen an Huskys, haben aber eine breitere Schnauze und ein gedrungenes Gesicht. Stell dir einfach einen großen Spitz vor, dem was Schweres auf den Kopf gefallen ist, dann weißt du in etwa, wie ein Akita aussieht.»

«Es war also ein japanischer Film», fasse ich zusammen.

«Nein. Die wahre Geschichte von Hachiko hat sich zwar in Japan zugetragen», erwidert Miss Happy. «Aber es war ein amerikanischer Film. Mit Richard Gere als Professor, dem ein Hund zuläuft. Eben besagter Hachiko. Täglich begleitet der seinen Besitzer zum Bahnhof, abends holt er ihn wieder ab. Eines Tages jedoch hat der Professor während einer Vorlesung einen tödlichen Herzinfarkt. Der Hund wartet an diesem Abend also vergebens. Die trauernde Witwe verkauft das Haus und verlässt die Stadt. Den Hund bringt sie bei ihrer Tochter unter. Hachiko reißt jedoch aus und läuft zurück zum Bahnhof, um auf sein Herrchen zu warten. Fortan wartet der Hund Tag für Tag auf den Professor. Bei Wind und Wetter und zu jeder Jahreszeit.»

«Das klingt nach einer sowohl herzerwärmenden als

auch sehr eintönigen Geschichte», sage ich. «Ich glaube, im Vergleich dazu war unser Theaterabend geradezu rasant. Und? Wie ging es weiter mit Hachiko?»

Miss Happy schnauft amüsiert. «Am Ende wartet der Hund zehn Jahre lang, dann stirbt er an Altersschwäche. Immerhin macht seine Ausdauer ihn vorher berühmt. Ein Reporter stößt auf Hachikos Geschichte und schreibt darüber. Der treue Hund bekommt Zuwendungen aus allen Teilen des Landes. Die Inhaber der Geschäfte rund um den Bahnhof kümmern sich um ihn und sorgen dafür, dass er seine Tage unbehelligt mit Warten verbringen kann.»

Ich bin beeindruckt. «Und das ist wirklich passiert?»

Miss Happy nickt. «In Tokio am Bahnhof Shibuya haben sie dem echten Hachiko ein Denkmal gesetzt, und der Ausgang, an dem er immer gewartet hat, heißt auch heute noch Hachiko-Exit. Außerdem haben die Japaner den Hund ausgestopft. Du kannst ihn dir in einem Museum in Tokio ansehen, wenn du willst.»

«Toll, was du alles weißt», lobe ich.

«Das weiß nicht ich, sondern Wikipedia», erwidert Miss Happy. «Hachiko hält übrigens nicht den Rekord im Warten. Das hab ich auch recherchiert. Es soll in Edinburgh einen Terrier gegeben haben, der vierzehn Jahre am Grab seines verstorbenen Herrchens ausgeharrt hat. Und wo du eben Odysseus erwähnt hast, dessen Hund Argos soll sogar zwanzig Jahre auf die Rückkehr seines Herrchens gewartet haben. Als er ihn erblickt hat, ist der Hund mit einem Schwanzwedeln verstorben.»

«Ihr Hunde seid eben treue Seelen», stelle ich anerkennend fest.

«Sagen wir mal: einige von uns», erwidert Miss Happy.

«Einige von uns?», wiederhole ich mit gespielter Empörung. «Soll das etwa heißen, du würdest nicht bis zu deinem Tod um mich trauern, wenn ich ins Gras beißen sollte?»

«Selbstverständlich würde ich das», erwidert sie und spielt nun ihrerseits die Entrüstete. «Was denkst du denn? Ich würde für den Rest meines Lebens jeden Morgen sehnsüchtig in dieser Küche auf dich warten. Und ich wäre jeden Tag aufs Neue traurig darüber, dass nicht du, sondern Sabines neuer Mann mir mein Futter gibt.»

Ich muss grinsen. «Sieht er gut aus, Sabines neuer Mann?»

«Er ist jünger und attraktiver als du, aber bestimmt nicht so witzig.»

«Jünger und attraktiver», wiederhole ich mit Grabesstimme. «Gut, dass ich das dann nicht mehr miterleben muss.»

«Ich garantiere dir übrigens, dass ich im Fall der Fälle nicht jahrelang an deinem Grab herumlungere», sagt Miss Happy. «Mal abgesehen davon, dass mir da stinklangweilig wäre, müsste ich auch sehr blöd sein, zu glauben, dass du eines Tages von den Toten auferstehst.»

«Moment mal. Du denkst, diese treuen Hunde waren einfach nur blöd?»

«Weiß ich nicht. Aber ich finde diese ganze Heldenverehrung seltsam.»

«Wieso? Es rührt uns Menschen eben, wenn jemand treu ist wie Gold.»

«Ja, aber nur, wenn es sich um Tiere handelt», wendet Miss Happy ein.

«Nein.» Entschieden schüttele ich den Kopf. «Auch menschliche Treue rührt uns. Vielleicht bewundern wir sie so sehr bei Tieren, weil sie bei uns Menschen nicht so gut ausgeprägt ist.»

«Zum Glück», ergänzt Miss Happy. «Stell dir mal vor, ein Mann wäre einer Frau auf ähnliche Weise treu, wie diese Hunde es ihren Herrchen waren.»

«Ist doch toll», sage ich. «Wenn er die Frau mit der gleichen Bedingungslosigkeit liebt, wird sie das sicher zu schätzen wissen.»

«Glaub ich nicht», antwortet Miss Happy. «Wenn dich als Frau ein wildfremder Hund zum Bahnhof begleitet, dann findest du das wahrscheinlich niedlich. Würde ein wildfremder Mann das machen, dann wäre es dir unheimlich. Und während der Hund dich auch auf dem Heimweg begleiten und sich anschließend vor deinem Haus herumtreiben könnte, würdest du einen Mann, der das Gleiche tut, bei der Polizei melden.»

«Ich verstehe, worauf du hinauswillst», sage ich. «Auch wenn dein Vergleich ein wenig hinkt.»

«Finde ich nicht», erwidert Miss Happy. «Würdest du von Sabine erwarten, dass sie bis zu ihrem Tode an deinem Grab wacht, wenn du vor ihr das Zeitliche segnest?»

«Nein, natürlich nicht», antworte ich.

«Und erwartet sie im Gegenzug, dass du für den Rest deines Lebens trauerst, falls es sie zuerst erwischen sollte?»

«Ja, das schon eher», erwidere ich nach kurzem Überlegen. «Aber prinzipiell hast du recht. Wenn man selbst noch ein gutes Stück Leben vor sich hat, dann ist es womöglich falsch, Jahre oder gar Jahrzehnte mit Warten auf jemanden zu vergeuden, der ohnehin nicht wiederkommt.»

«Danke», sagt Miss Happy. «Damit bin ich dann jetzt wohl offiziell davon freigestellt, dir länger als ein paar Tage hinterherzuweinen, falls du überraschend den Löffel abgeben solltest. Richtig?»

«Du willst mir gleich ein paar Tage hinterherweinen?», frage ich. «Ich hätte nie gedacht, dass du eine so treue Seele bist.»

Miss Happy zieht die Lefzen zu einen Grinsen hoch. «Apropos treue Seele. Wo bleibt eigentlich mein Frühstück?»

TODESFALLE HAUSHALT

Ich habe mich gestern gefragt, ob unser Zuhause den aktuellen feuerpolizeilichen Anforderungen entspricht», verkündet Miss Happy.

«Interessant, was dir so alles in den Sinn kommt – und ich denke, du liegst da einfach stundenlang in deinem Körbchen und döst vor dich hin», stichele ich.

«Die Frage sollte nicht nur mich beschäftigen, sondern auch dich», tadelt sie. «Immerhin geht es um unser aller Sicherheit.»

«Möchtest du, dass ich dich zur Sicherheitsbeauftragten ernenne? Ich könnte dir eine schicke Warnweste kaufen. Und einen gelben Helm.»

«Es besteht kein Grund, sich darüber lustig zu machen», erwidert sie pikiert. «Ganz nebenbei zeugt deine Reaktion von mangelndem Problembewusstsein für das Thema Unfallprävention.»

«Genau deshalb braucht dieses Haus dich», sage ich. «Kein anderer Hund könnte diese Aufgabe so gewissenhaft erledigen wie du. Lass dir das mit dem Job als Sicherheitsbeauftragte also bitte noch mal durch den Kopf gehen.»

Miss Happy schnauft verächtlich. «Du hast leicht reden, Walter. Du bist es ja nicht, der allein in dieser Todesfalle hocken muss, wenn die Familie ausgeflogen ist und die Türen fest verschlossen sind. Hast du dir mal überlegt, was mir blüht, wenn eines der altersschwachen Haushaltsgeräte, die hier in Massen herumstehen, Feuer fängt?»

«Was soll denn hier Feuer fangen?», frage ich. «Der Milchaufschäumer?»

«Der Toaster zum Beispiel. Oder deine geliebte Espressomaschine. Die ist nämlich vierundzwanzig Stunden am Tag auf Stand-by, damit du dir jederzeit einen frischen Kaffee aufbrühen kannst. Das Heizelement könnte überhitzen und Feuer fangen. Dann säße ich hier ganz schön in der Falle.»

«Du könntest durch eines der Fenster im Erdgeschoss in den Garten springen», schlage ich vor.

«Die sind aber verschlossen.»

«Ich meinte auch, durch die Fensterscheibe», präzisiere ich. «So wie Kommissar Rex.»

«Ich bin sicher, dass Kommissar Rex niemals durch Doppelglasfenster gesprungen ist», erwidert Miss Happy. «An unseren Fenstern würde er jedenfalls abprallen wie ein Spatz, der sich verflogen hat.»

«Dann nimm lieber ordentlich Anlauf», sage ich.

«Toll. Ich habe also die Wahl, entweder hier drinnen zu verbrennen oder mein Leben lang Kopfschmerzen zu haben», resümiert Miss Happy.

«Genau. Oder du vertraust einfach darauf, dass dieser äußerst unwahrscheinliche Fall niemals eintritt», schlage ich vor.

«Vertrauen ist gut», verkündet Miss Happy. «Kontrollierte Sicherheit ist jedoch besser.»

«Vergiss es», sage ich entschlossen. «Ich weiß, was du

vorhast. Aber ich werde mir diesen sonnigen Morgen nicht damit vermiesen, dass ich unsere Haushaltsgeräte nach irgendwelchen Prüfsiegeln absuche.»

«Wollen wir mit der Espressomaschine anfangen?», fragt Miss Happy.

«Die Antwort ist nein.»

«Du weißt, dass ich so schnell nicht lockerlasse», droht sie.

Allerdings weiß ich das. Ich überlege, wie ich die Sache möglichst unkompliziert vom Tisch kriege.

«Okay. Ich überprüfe den Toaster, den Wasserkocher und die Espressomaschine, und dann vergessen wir das Thema. Einverstanden?»

«Das ist immerhin ein Anfang», erwidert Miss Happy diplomatisch, während ich bereits den Toaster nach dem entsprechenden Hinweis absuche.

«Der Toaster hat das CE- und das GS-Zeichen», verkünde ich.

«Bestens», lobt Miss Happy. «Nach jedem Gebrauch muss trotzdem immer der Netzstecker gezogen werden.»

Ich ignoriere ihre Bemerkung. «Für den Wasserkocher gilt das Gleiche: CE- und GS-Zeichen.»

«Sehr gut. Aber auch hier gilt, dass nach jedem Gebrauch immer …»

«Der Netzstecker gezogen werden muss. Ich weiß. Ich habe es verstanden.»

«Hast du es verstanden oder nur gehört?», fragt Happy spitzfindig.

Um sie zu ärgern, antworte ich: «Was soll ich verstanden haben?»

Sie ignoriert meine Stichelei und antwortet: «Dass man beim Toaster und beim Wasserkocher nach jedem Gebrauch …»

«Heiliger Florian, steh uns bei», sage ich, während ich die Espressomaschine in Augenschein nehme. «Du bist schlimmer als der TÜV und die Feuerwehr zusammen.»

«Ich möchte nur kein unnötiges Risiko eingehen», erklärt sie freundlich.

«Die Espressomaschine trägt auch das CE-Zeichen. Jetzt zufrieden?»

«Nur das CE-Zeichen oder auch das GS-Zeichen?», hakt sie nach.

Ich seufze. «Reicht das CE-Zeichen nicht, oder was?»

«Nun ja, das CE-Zeichen ist kein Qualitätssiegel, sondern eine Kennzeichnung», erklärt Miss Happy. «Auf der sicheren Seite wären wir nur mit dem GS-Siegel.»

«Okay, hier ist nur das CE-Zeichen», sage ich genervt. «Was jetzt? Muss ich mir eine neue Espressomaschine kaufen, oder was?»

«Das wäre am sichersten», antwortet Miss Happy.

Gleich platzt mir der Kragen. «Alternativ könnte ich auch eine Hundehütte kaufen, damit mein ängstlicher Vierbeiner demnächst im Garten übernachten kann. Das wäre nicht nur deutlich preiswerter als eine neue Espressomaschine, ich müsste auch nicht länger über die Sicherheitsstandards in meinem Haus diskutieren, denn dein Fluchtweg wäre dann kein Thema mehr.»

«Danke», sagt Miss Happy. «Die Drohung ist angekommen.»

«Freut mich.»

«Das ändert aber nichts an den Fakten, Walter. Wir

machen das hier nicht nur für mich, sondern auch für Sabine, Emily und dich.»

«Trotzdem kaufe ich keine neue Espressomaschine.»

«Ist ja gut. Sind denn wenigstens die Rauchmelder hier in einem einwandfreien Zustand?»

«Ja, logisch», lüge ich.

«Wann hast du sie denn zuletzt überprüft?»

«Kürzlich.»

«Wann kürzlich?»

«Müsste ich jetzt nachsehen, aber das ist bestimmt noch nicht lange her.»

«Ungefähr?»

«Das tut nichts zur Sache», sage ich wegwischend. «Ich habe das Haus kurz vor Emilys Geburt von oben bis unten durchgecheckt und kindersicher gemacht. Hier ist alles okay. Du brauchst keine Angst zu haben.»

«Emily ist neun Jahre alt. Willst du damit sagen, du hast die Rauchmelder vor mehr als neun Jahren installiert und seitdem nie wieder überprüft?»

«Das Thema ist für mich beendet», sage ich patzig. «Wenn du dich im Haus allein unwohl fühlst, dann warte eben künftig im Geräteschuppen, bis wir wieder da sind.»

«Warum hast du es eigentlich nicht für nötig befunden, das Haus hundesicher zu machen, als ich hier eingezogen bin?», fragt sie beleidigt.

«Kinder brauchen ein paar Jahre, bis sie aus dem Gröbsten raus sind, bei Hunden dauert das nur wenige Wochen», wende ich ein.

«Es soll trotzdem immer wieder vorkommen, dass Hunde im Haushalt verunglücken. Manche kommen dem Ofen zu nahe, manche stürzen die Treppe hinunter ...»

«Schon klar», unterbreche ich. «Und manchen fällt der Klodeckel auf den Kopf, weil sie unbedingt aus der Toilette saufen müssen. Das alles gilt aber nur für Hunde, die nicht besonders clever sind. Ich zähle dich definitiv nicht zu dieser Kategorie.»

«Verbindlichsten Dank», erwidert Miss Happy. «Würdest du das Haus eigentlich noch einmal auf etwaige Risiken abklopfen, wenn Sabine ein zweites Kind bekäme?»

«Sabine ist fast 47, ist halte es für praktisch ausgeschlossen, dass sie noch mal schwanger wird.»

«Halle Berry, Geena Davis und Susan Sarandon sind mit 46 Mutter geworden. Geena Davis hat mit 48 sogar noch einmal Zwillinge bekommen.»

«Diese Frauen sind Hollywoodstars mit Geld und Verbindungen. Ich bezweifle, dass sie auf natürlichem Weg schwanger geworden sind.»

«Weiß man's?», erwidert Miss Happy. «Wunder gibt es ja immer wieder. Denk nur an Gianna Nannini, die Rocksängerin. Sie ist mit 54 Mutter geworden, und sie behauptet, dass es auf natürliche Weise passiert ist.»

«Ja, möglich ist alles», sage ich. «Aber es ist doch eher unwahrscheinlich, dass Sabine noch mal schwanger wird.»

«Wieso: wird. Vielleicht ist sie es längst», unkt Miss Happy.

Sie bemerkt, dass ich stutze, und fügt hinzu: «Du weißt ja, dass wir Hunde das riechen können, sogar noch bevor ein Schwangerschaftstest es anzeigen würde.»

Ich bemerke einen leichten Schwindel. «Willst du damit andeuten, Sabine ist schwanger?»

«Das habe ich nicht gesagt», antwortet Miss Happy. Gemütlich lässt sie sich in ihr Körbchen sinken.

Mir wird ganz mulmig.

«Das ist doch nur eine billige Taktik von dir», schimpfe ich.

«Schaden kann es jedenfalls nie», erwidert Miss Happy salomonisch, «wenn du die Unfallrisiken hier im Haus noch mal gründlich überprüfst.»

HUNDESCHULE

N a, dann komm», sage ich aufmunternd, stelle meine
leere Kaffeetasse in die Spüle und klatsche in die
Hände. «Wollen wir mal los?»

«Nö. Keine Lust», antwortet Miss Happy. Sie liegt
in ihrem Körbchen, beobachtet mich argwöhnisch und
rührt sich nicht vom Fleck.

«Das war eigentlich nur eine rhetorische Frage», erkläre ich.

«Was ist eine rhetorische Frage?», will unser Hund
wissen.

«Eine Frage, die nicht als solche gemeint ist. Was ich
eigentlich sagen wollte, war, dass wir uns jetzt mal auf
den Weg machen müssen, weil wir sonst zu spät zur
Hundeschule kommen.»

Miss Happy hebt den Kopf und spitzt die Ohren.
«Was war denn das gerade für ein Schwachsinn? Du
stellst eine Frage, die nicht als Frage gemeint ist, erwartest aber trotzdem die richtige Antwort?»

«So ähnlich», antworte ich abgelenkt, weil ich gerade
auf die Uhr schaue.

Sie zieht verärgert die Nase kraus. «Hey! Du hörst mir
gar nicht zu.»

«Doch», lüge ich. «Ich habe nur nicht ganz verstanden, was du meinst.»

«Macht überhaupt nichts», erwidert Miss Happy schnippisch. «Wahrscheinlich habe ich das sowieso nur rhetorisch gemeint.»

Ich ziehe eine Augenbraue hoch. «Willst du mich verschaukeln?»

«War das auch wieder eine rhetorische Frage?»

«Du lernst schnell.»

«Danke.»

«Ich hoffe, gleich in der Hundeschule funktioniert das auch so reibungslos», sage ich, schüttele Happys Brustgeschirr und lasse dabei ihre Hundemarke klimpern. «Würdest du jetzt bitte aufstehen? Wir kommen sonst wirklich zu spät.»

«War das schon wieder rhetorisch?», fragt sie. «Falls ja, dann solltest du dir das abgewöhnen. Deine rhetorische Fragerei führt ganz offensichtlich zu Missverständnissen.»

«Lenk nicht ab. Du weißt ganz genau, dass wir nicht mehr reingelassen werden, wenn die Stunde schon angefangen hat», erwidere ich ungehalten.

«Klar weiß ich das.» Sie macht nicht die geringsten Anstalten, sich zu erheben. «Aber du weißt ja inzwischen auch, dass ich heute keine Lust habe.»

«Wie gesagt, das eben war keine höfliche Bitte, sondern eigentlich eine Anordnung.»

«Hört, hört», ruft Miss Happy spöttisch. «Eine Anordnung. Ist das so was wie ein Befehl?»

Ich weiß, dass sie extrem bockig reagiert, wenn ich ihr etwas befehle. Am erfolgversprechendsten ist es immer noch, sie nett zu bitten, wenn man etwas von ihr will.

«Nein. Es war definitiv kein Befehl, sondern nur

eine sehr freundliche Anordnung», erkläre ich. «Deshalb habe ich sie in eine rhetorische Frage gekleidet.»

«Aha», sagt Miss Happy und bequemt sich nun immerhin, ihren Oberkörper aufzurichten und sich ein wenig zu strecken. «Darf ich wenigstens erfahren, warum du mich überhaupt in die Hundeschule schleppst?»

«Na, warum wohl? Damit du was lernst», antworte ich entgeistert.

«Damit ich was lerne?» Gelangweilt lässt sie sich wieder ins Körbchen sinken. «Ich lerne da aber überhaupt nichts. Im Gegenteil. Meistens ist mir langweilig. Kannst du da nicht allein hingehen? Wenigstens heute?»

«Echt jetzt? Ich soll allein in die Hundeschule gehen?»

«Ja. Warum nicht?»

«Weil dort, wie der Name schon sagt, in erster Linie Hunde geschult werden. Menschen lernen da zwar auch einiges, aber eben nur zusammen mit ihren Vierbeinern.»

«Na und? Ich muss ja auch ständig improvisieren», erwidert Miss Happy ungerührt. «Glaubst du, es macht mir Spaß, jeden Tag stundenlang allein in dieser Wohnung herumzuhängen, während ihr dadraußen euren Vergnügungen nachgeht?»

«Nur zu deiner Information. Während du hier mit Hilfe unseres digitalen Sprachassistenten im Internet surfst oder dich durch die wunderbare Welt der Unterhaltung zappst, gehe ich meiner Arbeit nach. Mit Vergnügen hat das nur bedingt etwas zu tun.»

«Immerhin beschäftige ich mich selbst. Versuch das doch auch mal. Fang am besten gleich heute in der Hundeschule damit an.»

«Und wie soll das gehen?», frage ich. «Soll ich üben, wie man die Kommandos richtig ausspricht? Oder wie man Stöckchen wirft?»

«Stöckchen werfen könntest du wirklich mal üben», sagt Miss Happy. «Es gibt niemandem im Park, der so miserabel wirft wie du. Selbst die dicke alte Frau mit dem Königspudelmischling kriegt das besser hin.»

«Die dicke alte Frau ist ein dicker mittelalter Mann», verbessere ich. «Und ich habe einen Tennisarm.»

«Du spielst Tennis? Seit wann?»

«Den kann man auch bekommen, ohne Tennis zu spielen. Aber das tut jetzt nichts zur Sache. Nicht ich bin es, der was lernen muss, sondern du. Nämlich die Grundkommandos. Oder willst du behaupten, dass du die alle schon draufhast?»

«Allerdings», erwidert Miss Happy prompt. «Klar hab ich die drauf.»

«Wenn wir unterwegs sind, stellt sich mir das aber ganz anders dar», wende ich ein. «In rund der Hälfte aller Fälle ignorierst du meine Kommandos völlig.»

«Was nicht heißt, dass ich sie nicht gehört und verstanden habe», erklärt Miss Happy. «Außerdem stimmt das nicht. Ich reagiere fast immer auf deine Kommandos – und wenn nicht, dann habe ich gute Gründe dafür.»

«Das heißt, du brauchst die Hundeschule allein schon deshalb nicht, weil du dich wie ein perfekt ausgebildeter Hund verhalten könntest, wenn du nur wolltest?»

«Im Grunde ja. Das gilt übrigens für alle Hunde – wenn man mal von den Idioten und den Sturköpfen absieht. Die gibt es auch unter Hunden.»

41

Wieder schaue ich auf die Uhr. Fehlt nicht viel, dann kann man die Hundeschule vergessen.

«Okay, beweise es», sage ich kurz entschlossen.

«Was soll ich beweisen?»

«Dass du sämtliche Kommandos beherrschst und verstehst.»

Sie mustert mich skeptisch. «Und dann schenken wir uns die Hundeschule?»

«Wäre möglich», antworte ich.

«Für immer?», hakt sie nach.

«Für heute. Ansonsten gilt: Wir werden da hingehen, bis wir ohne Leine durch die Stadt kommen und du nicht ständig Gefahr läufst, unter irgendwelche Räder zu geraten.»

«Ich bin eine junge Dame und leicht abzulenken. Mit der Zeit wird das bestimmt ganz von selbst besser.»

«Okay. Dann legen wir doch mal los mit unserer kleinen Privatstunde.»

Miss Happy erhebt sich träge, streckt sich ausgiebig und verlässt ihr Körbchen. «Was soll ich tun?»

«Mach Sitz.»

Sie setzt sich artig.

«Mach Platz.»

Ihre Vorderpfoten rutschen über das Parkett, bis Happy flach auf dem Boden liegt. «Zu deiner Information. Sitz und Platz reichen als Kommandos völlig aus. Ich weiß dann schon, was ich machen soll.»

«Spiel toter Mann.»

Erstaunt hebt sie den Kopf. «Echt jetzt?»

«Ja. Du hast gesagt, du kannst alles. Also spiel toter Mann.»

«Wenn überhaupt, dann spiele ich tote Frau», erwidert Miss Happy. «Aber erstens gehört das nicht zu den Grundkommandos, und zweitens ist mir das zu blöd.» Sie steht auf und will in ihr Körbchen zurückkehren.

«Nein! Sitz!», sage ich

Miss Happy gehorcht aufs Wort.

«Das war jetzt lediglich das Ergebnis klassischer Konditionierung», erklärt sie. «Eigentlich wollte ich dir nicht gehorchen.»

«Ich weiß», antworte ich. «Genau das ist der Grund, warum wir zur Hundeschule gehen.»

Miss Happy wirft lässig einen Blick zur Küchenuhr, bevor sie sich zufrieden in ihr Körbchen sinken lässt.

«Tja», sagt sie. «Wegen deiner Kompetenzrangeleien sind wir viel zu spät dran. Heute wird das nichts mehr.»

HUNDELEBEN

Würdest du eigentlich gern mit mir tauschen?», fragt Miss Happy.

Ich bin im Begriff, die Espressomaschine einzuschalten, halte aber erstaunt inne. «Fragst du mich gerade, ob ich in einem Körbchen in meiner Küche leben möchte?»

«Es wäre dann ja meine Küche», erwidert Miss Happy ungerührt.

Auch wieder wahr. Ich betätige den Schalter, und während frischer Espresso in die Tasse läuft, denke ich darüber nach, ob ich gerne mein Hund wäre. «Wäre das ein Tausch für immer, oder nur vorübergehend?»

«Natürlich für immer», sagt sie. «Oder denkst du etwa, dass es Hundeleben-Schnuppertage gibt?»

«Ja. Warum eigentlich nicht?», antworte ich. «Es gibt doch für fast alles Schnupperangebote.»

Miss Happy überlegt, dann grinst sie und sagt: «Wir können es ja so handhaben, dass man zwar zurücktauschen darf, aber nur dann, wenn beide das wollen.»

«Sehr clever», sage ich. «Ich müsste also bis in alle Ewigkeit Hund bleiben, wenn dir dein neues Leben als Mensch gefällt.»

«Es könnte ja auch umgekehrt sein», erwidert sie. «Dann müsste ich für den Rest deines bescheidenen Lebens in deiner Haut stecken.»

«Ich wäre mir da nicht so sicher, dass ich das bescheidenere Leben von uns beiden führe», gebe ich zurück.

«Warum?», fragt sie erstaunt. «Denkst du, nur weil du ein Haus und viele schöne Sachen besitzt, geht es dir besser als mir?»

«Sagen wir mal so: Da du hier zur Untermiete wohnst und wir für dein Wohlergehen Sorge tragen, bist du gewissermaßen abhängig von uns. Umgekehrt ist das nur bedingt der Fall.»

Miss Happy grinst breit und zeigt dabei ihre makellos weißen Zähne. «Du hast echt witzige Ansichten, Walter. Glaubst du wirklich, dass ich abhängig von ein paar Portionen Trockenfutter und einem Schlafplatz bin? Wenn mir der Sinn danach stünde, dann könnte ich schon morgen verschwinden und mich entweder als Straßenköter durchschlagen oder mir einfach eine neue Familie suchen. Wir Hunde sollen auch ganz passable Jäger sein. Bestimmt könnte ich eine Weile im Wald überleben. Ob das dir als Hund ebenfalls gelingen würde, wage ich zu bezweifeln.»

«Ich auch», gebe ich zu. «Wenn es in diesem Wald keinen barmherzigen Förster gibt, dann gute Nacht.»

«Jedenfalls bin ich nicht so abhängig von euch, wie du denkst. Umgekehrt hingegen unterschätzt du meine Bedeutung als Familienhund. Sollte ich morgen tatsächlich verschwinden, dann würden Emily und Sabine von dir verlangen, dass du jede freie Fläche dieser Stadt mit Suchmeldungen plakatierst.»

«Stimmt. Das wäre für mich aber auch selbstverständlich. Würdest du nicht nach mir suchen, wenn ich plötzlich verschollen wäre?»

«Doch», antwortet Miss Happy. «Aber du bist nicht der Typ, der einfach so verschwindet. Du hast eine Familie, einen Job, ein Haus und ungefähr eine Million anderer Verpflichtungen. Da verschwindet man nicht einfach so.»

«Oder man verschwindet gerade deshalb. Weil einem nämlich die Verpflichtungen über den Kopf wachsen.»

«Womit wir wieder bei meiner Eingangsfrage wären. Wenn du das Leben eines Hundes führten würdest, dann hättest du all diese Verpflichtungen nicht. Du müsstest dich weder um dein Frühstück kümmern noch einem Job nachgehen oder Rechnungen bezahlen. Du müsstest noch nicht mal eine Hose tragen.»

«Das ist natürlich ein gewichtiges Argument», flachse ich. «Ohne Klamotten herumzulaufen, könnte mein Leben total umkrempeln.»

«Wer weiß? Vielleicht hättest du viel mehr Spaß daran, nackt durch den Park zu flitzen, als du dir vorstellen kannst.»

«Nicht nur das. Ich könnte mich auch jederzeit nackt in den Garten legen und mir die Sonne auf den Bauch scheinen lassen.»

«Siehst du? So langsam findest du Gefallen an der Sache.»

«Sagen wir mal so, wenn ich mein Leben gegen ein anderes tauschen müsste, dann wäre deins auf jeden Fall in der engeren Wahl», antworte ich. «Das hätte auch den entscheidenden Vorteil, dass ich weiterhin mit Sabine und Emily unter einem Dach leben könnte.»

«Freiwillig würdest du also nicht tauschen? Das ist

ein Ding. Ich hätte geschworen, dir würde mein Lotter-leben gefallen.»

«So verlockend das auch auf den ersten Blick schei-nen mag, ich glaube, es gibt nicht viele Menschen, die freiwillig ein Hundeleben führen wollen», behaupte ich.

«Da liegst du aber völlig falsch», widerspricht Miss Happy. «Die Besten von euch haben gelebt wie die Hun-de, oder tun das heute noch. Ich habe eine Doku über einen Philosophen gesehen, der in einer Tonne in Gesell-schaft anderer Straßenköter gehaust hat.»

«Meinst du Diogenes?», werfe ich ein.

«Diogenes, genau», bestätigt Miss Happy. «Er hat ge-lebt wie ein Hund und die Leute geärgert. Er soll sie so-gar gebissen oder ihnen ans Bein gepinkelt haben, und zwar nicht im übertragenen Sinne, sondern tatsäch-lich.»

«Ja, ich habe davon gehört», sage ich. «Der Mann ist eine Ausnahme. Er wollte provozieren. Deshalb hat er in der Antike wie eine Hippie gelebt.»

«Oder er hat sich dazu entschieden, einfach nur das zu tun, was ihm Spaß macht», erwidert Miss Happy. «In seinem Fall hieß das wohl, dass er in den Tag hinein-leben wollte. Genau das würdest du doch auch machen, wenn du ein Hund wärst. Im Garten herumhängen und dir die Sonne auf den Pelz scheinen lassen. Hast du eben selbst gesagt.»

«Stimmt, aber das menschliche Zusammenleben ge-staltet sich nun mal etwas komplexer. Üblicherweise suchen wir uns Jobs, gründen Familien und bauen uns ein Zuhause.»

«Die meisten von euch leben so, das stimmt», gibt

Miss Happy zu. «Aber warum eigentlich? Es gibt noch mehr Leute wie diesen Diogenes. Sie tun, was sie wollen, und scheren sich nicht um die Konsequenzen. Denk mal an den Typen, der sich ein Ohr abgeschnitten hat. Der hat gemalt, bis er nicht mehr wollte, und sich dann die Kugel gegeben.»

«Vincent van Gogh?»

«Genau. Und wer hat noch gleich die Geschichte von dem alten Mann und dem Fisch geschrieben?»

«Hemingway?»

«Ja. Hat sich auch erschossen», sagt Miss Happy. «Ebenso wie der Sänger von Nirvana.»

«Kurt Cobain», referiere ich. «Aber was genau soll jetzt diese Aufzählung berühmter Künstler, die sich erschossen haben?»

«Ist es nicht seltsam, dass es Menschen kreuzunglücklich macht, wenn sie genau das tun, was sie tun wollen?», fragt Miss Happy. «Denn andererseits macht es die Menschen auch kreuzunglücklich, wenn sie nicht das tun dürfen, was sie gern tun wollen.»

«Liegt vielleicht daran, dass die Dinge für uns Menschen etwas komplizierter sind als für euch Hunde.»

«Warum?», fragt Miss Happy.

«Weil wir eben Verpflichtungen haben», antworte ich vage.

«Verpflichtungen, die ihr selbst erfunden habt. Ihr könntet euch einfach alle zusammen verpflichten, nicht mehr so viele Verpflichtungen zu haben.»

«Wie gesagt, es ist kompliziert», eiere ich weiter herum.

«Was genau ist denn an dem Plan kompliziert, sich

einfach in den Garten zu legen, wenn man Lust dazu hat?», fragt Miss Happy.

Ich denke nach und stelle fest, dass ich diese Frage nicht beantworten kann.

«Weißt du was?», sage ich. «Die Antwortet lautet: Ja. Ja, ich würde im Fall der Fälle, dass uns eine Fee vor die Wahl stellt, gern mit dir tauschen.»

Miss Happy bläst amüsiert Luft durch die Lefzen. «Tut mir leid, Walter, aber vergiss die Fee. Mir ist gerade klargeworden, dass ich mein Hundeleben um keinen Preis der Welt mit dir tauschen würde.»

«Hab ich fast befürchtet», sage ich und leere meinen Espresso.

Bevor ich mich auf den Weg ins Büro mache, öffne ich die Terrassentür.

«Danke», sagt Miss Happy und schlendert entspannt in den Garten, um sich in die Sonne zu legen.

Beneidenswert.

DAS JAHR DES HUNDES

D u musst dir unbedingt rote Unterwäsche kaufen», sagt Miss Happy.

«Okay. Mit oder ohne Spitze?», frage ich.

«Das ist nicht lustig», tadelt sie. «Es geht um ein ernstes Thema.»

«Ich in roter Unterwäsche, das ist durchaus lustig», erwidere ich. «Leider habe ich nicht die Figur eines Unterhosenmodels, weshalb ich lieber auf gedeckte Farben setze. Hat sich bewährt.»

«Ich weiß», sagt Miss Happy. «Ich habe dich kürzlich mal in Shorts gesehen. Sah aus, als würdest du dich nicht kleiden, sondern tarnen wollen.»

«Das war bestimmt ein älteres Modell. Sabine hat mir inzwischen neue Shorts in freundlichen Farben gekauft. Stell dir vor, ich durfte nicht mal mitreden, weil sie meinem Modegeschmack misstraut.»

«Völlig zu Recht», stellt Miss Happy fest.

«Ebendeshalb müsste ich deinen Vorschlag erst einmal mit Sabine besprechen. Ich bin nicht sicher, ob sie mich in einem knallroten Fummel überhaupt noch ins Schlafzimmer lässt.»

«Walter, es geht nicht um deinen miserablen Modegeschmack», sagt Miss Happy mit Nachdruck. «Die rote Unterwäsche soll dich vor bösen Mächten schützen.»

«Aha. Kann sie mich auch vor dem Lachanfall beschützen, den Sabine bekommen wird, wenn ich ihr
diese Geschichte auftische, während ich in roter Zauberunterwäsche vor ihr stehe?»

«Für jemanden, der nicht auf knallige Farben steht,
bist du ganz schön kokett», kontert Miss Happy. «Nebenbei: Sag Sabine, dass sie und Emily auch rote Sachen
tragen sollen. Übrigens können das auch Röcke oder
Blusen sein, der Stoff muss nur die Haut berühren.»

«Okay. Jetzt bin ich doch neugierig», sage ich. «Erzähl. Was hat es mit dieser roten Unterwäsche auf sich?»

Miss Happy rekelt sich in ihrem Körbchen. «Du hast
doch bestimmt mitbekommen, dass wir gemäß dem chinesischen Mondkalender im Jahr des Erdhundes leben,
oder?»

«Nö.»

«Echt nicht?»

Ich nippe an meinem Espresso. «Nö.»

«Aber das ist wichtig», ereifert sich Miss Happy.

«Für die Chinesen vielleicht. Für mich nicht.»

«Wusstest du, dass der Erdhund nur alle sechzig Jahre vorkommt?»

«Nein. Aber was hat das mit roter Unterwäsche zu
tun?»

«Chinesische Hundejahre stehen eigentlich für Sicherheit und Ruhe. Menschen, die im Zeichen des Hundes
geboren werden, sagt man nach, dass sie sehr besonnen
und verlässlich sind. Steht ein Jahr aber unter dem seltenen Zeichen des Erdhundes, dann kann es auch wild
und unberechenbar werden. Der Erdhund ist sozusagen
der Straßenköter unter den Hundezeichen. Besonders

die in einem Hundejahr Geborenen sollten sich im übertragenen Sinne vor dem Biss des Erdhundes schützen,
indem sie rote Farbe am Körper tragen. Das gilt sicherheitshalber auch für alle anderen.»

«Und das trifft auch auf Leute zu, die sich der chinesischen Kultur nicht die Bohne verbunden fühlen? Ich
meine, ich mache mir nicht mal was aus chinesischem
Essen. Warum sollte ich also an chinesische Horoskope
glauben?»

Miss Happy überlegt einen Moment, dann nickt sie
fachmännisch. «Ich denke, ich weiß, was los ist. In welchem Jahr bist du geboren, Walter?»

«1965», antworte ich. «Warum?»

«Bist du im Januar oder Februar geboren oder danach?»

«Danach.»

«Alles klar. Dann bist du eine Schlange», erklärt Miss
Happy und nickt mitleidig. «Die sind immer sehr miss-
trauisch. Kein Wunder, dass du dem chinesischen Horo-
skop ablehnend gegenüberstehst.»

«Ähm … Das war gerade ein astreiner Zirkelschluss»,
sage ich.

«Siehste! Typisch Schlange», erwidert Miss Happy.
«Du glaubst mir nicht, weil du argwöhnisch und über-
kritisch bist.»

Ich verdrehe die Augen. «Und wer genau sagt nun,
dass dieses Jahr wild und unberechenbar wird?»

«Ein namhafter Feng-Shui-Meister», antwortet Miss
Happy schnippisch.

«Ein Feng-Shui-Meister», wiederhole ich mit leisem
Spott. «Was macht eigentlich so ein Feng-Shui-Meister

das Jahr über, nachdem er es anfänglich schlechtgeredet hat?»

«Das weiß ich doch nicht», antwortet Miss Happy. «Aber er ist einer von nur fünf Astrologen auf der Welt, die den Titel *Großer Meister* tragen dürfen – was ich ziemlich beeindruckend finde.»

«Ach ja? Vielleicht nenne ich mich auch *Großer Meister*, sobald ich meine rote Zauberunterwäsche anhabe.»

«Ich finde es nicht gut, dass du dich darüber lustig machst. Der Mann will uns mit seinen Vorhersagen vor den Gefahren des Erdhundjahres warnen. Du solltest ihm dankbar sein.»

«Was hat er denn so vorhergesagt?», frage ich.

«Zum Beispiel, dass in diesem Jahr Naturkatastrophen passieren können.»

«Das ist jedes Jahr der Fall. Ich bin fast sicher, bislang gab es kein Jahr in der Menschheitsgeschichte ohne Naturkatastrophe. Das hätte ich dir als Prophet in roter Zauberunterhose also auch sagen können.»

«Im Jahr des Erdhundes vor sechzig Jahren, da gab es gleich drei schwere Erdbeben. In Japan, im Iran und in Ecuador.»

«Ja, weil es jedes Jahr schwere Erdbeben gibt», wende ich ein.

«Auch hier? Bei uns?»

Ich stutze. «Hat dein Feng-Shui-Meister vorhergesagt, dass es in Deutschland schwere Erdbeben geben wird?»

«Nein, er hat allgemein davor gewarnt», antwortet Miss Happy.

«Siehste? War ja klar», sage ich triumphierend. «Er legt sich nicht fest.»

«Aber das tut er doch», erwidert sie. «Er sagt, dass es zu Erdbeben, Erdrutschen und Lawinen kommen kann. Soll er dir eine Liste geben mit den genauen Orts- und Zeitangaben, oder was?»

«Ja, das fände ich toll», sage ich. «Aber so weit wird sich der große Meister bestimmt nicht aus dem Fenster lehnen. Was steht uns denn noch bevor?»

«Es soll in den internationalen Beziehungen zu harten Auseinandersetzungen kommen», referiert Miss Happy.

«Wow. Das klingt wie: Der Sommer wird warm, zumindest teilweise.»

Miss Happy legt fragend den Kopf schief.

«Was ich damit sagen will, ist: Irgendwo auf der Welt wird es auch in diesem Jahr mit Sicherheit Staaten geben, die sich zanken. Auch das ist so normal wie Naturkatastrophen und steigende Temperaturen im Sommer.»

«Der Große Meister warnt auch vor schwächelnden Börsen. Es könnte sogar zu einer Wirtschaftskrise kommen», erklärt Miss Happy.

«Wenn du mich fragst, dann ist dieser große Meister ganz besonders meisterhaft darin, sich möglichst vage auszudrücken. Schwächelnde Börsen vorauszusagen, ist auch kein Kunststück. Die sind so sicher wie die nächste Grippewelle oder das Neujahrsspringen.»

«Es hat keinen Sinn, mit dir darüber zu reden», stellt Miss Happy pikiert fest. «Du bist und bleibst eine misstrauische Schlange. Deshalb wirst du auch immer ein Haar in der Suppe finden. Ich glaube, du könntest eine Prophezeiung nicht mal erkennen, wenn du darüber stolpern würdest.»

«Ich finde, das ist ein schönes Schlusswort», sage ich

und stelle meine Tasse in die Spüle. «Ich muss sowieso los. Mein Termin wartet.»

Während ich mit Elan in den Flur marschiere, füge ich hinzu: «Aber wenn es dich beruhigt, dann kaufe ich dir ein rotes Halsband, okay?»

«Danke. Pass gut auf dich auf», erwidert Miss Happy sibyllinisch.

«Werde ich machen», rufe ich in die Küche, um in der nächsten Sekunde im Flur über eine Tasche mit leeren Flaschen zu stolpern. Mit lautem Getöse schlage ich der Länge nach hin, wobei mein Sturz zum Glück von zwei Stapeln Altpapier abgemildert wird, die ebenfalls den Flur blockieren.

Verdattert drehe ich mich auf den Rücken und sehe den besorgten Blick von Miss Happy, die binnen eines Lidschlags zum Orten des Geschehens gehechtet ist.

«Alles okay?», fragt sie erschrocken.

Ich nicke. «Ja. Alles ... bestens.»

«Hast du dir weh getan?»

Ich schüttele den Kopf.

Während sich Miss Happys Lefzen zu einem Grinsen heben, wird hinter ihr die Schlafzimmertür geöffnet, und Sabine erscheint. Der Lärm hat sie geweckt, sie gähnt. «Was ist denn los?»

«Ich bin gestolpert», antworte ich unwirsch.

«Hast du dir weh getan?»

«Nein, alles okay», sage ich und beginne, mich aufzurappeln. «Ich hätte mir aber auch den Hals brechen können. Wer ist denn so blöd und deponiert den ganzen Müll mitten im Flur?»

«Du», antwortet Sabine verschlafen. «Du wolltest

nicht vergessen, das alles heute zu entsorgen. Deshalb hast du es in den Flur gelegt, damit du es praktisch nicht verfehlen kannst.»

Miss Happys Lefzen heben sich noch ein Stückchen mehr.

«Das ist mir ganz gut gelungen», sage ich.

«Finde ich auch», erwidert Sabine lapidar.

«Du hättest mich warnen können», sage ich.

«Habe ich gemacht», erwidert Sabine, während sie in der Küche verschwindet. «Aber Prophezeiungen von Leuten, die es gut mit dir meinen, hast du schon immer in den Wind geschlagen.»

Miss Happy zeigt mir ihre strahlend weißen Zähne und lacht still.

Ich überlege, ob Rot mir vielleicht doch stehen könnte.

SCHÖN GERETTET

W as macht denn dieser Vollidiot da?», ruft Miss Happy aufgebracht. «Du musst hupen, Walter! Der Trottel fährt dir noch die Karre zu Schrott, weil er uns ums Verrecken nicht vorbeilassen will.»

Ich sehe im Rückspiegel, dass sie Luft durch ihre Lefzen flattern lässt. Das macht sie meistens, wenn sie sich aufregt.

Als Miss Happy ein niedlicher, kleiner Welpe war, da haben wir ein niedliches, kleines Brustgeschirr gekauft, um sie auf der Rückbank verkehrssicher transportieren zu können. Unsere Tochter sollte ihren Hund neben sich haben, sozusagen immer in Streichelnähe. Außerdem fanden wir es unangebracht, ein Familienmitglied im Kofferraum zu verstauen. Bislang lag Miss Happy also während der Autofahrten neben Emily und döste meistens brav vor sich hin.

Inzwischen ist unser Hund rasant gewachsen. Miss Happy trägt jetzt ein größeres Brustgeschirr und einen längeren Sicherheitsgurt, was ihr mehr Bewegungsfreiheit gibt. Ihr ist aufgefallen, dass sie eine perfekte Rundumsicht hat, wenn sie ihren Oberkörper aufrichtet, weil sie dann mit den übrigen Passagieren fast auf Augenhöhe ist.

Anstrengend wird es, wenn Miss Happy und ich allein unterwegs sind – so wie heute Morgen. Sie thront dann auf der Rückbank, um wie eine ungnädige Schwiegermutter am laufenden Band nörgelnd und zeternd alles zu kommentieren, was ihr nicht passt. Wahlweise sind das meine miserablen Leistungen als Chauffeur oder die Dummheit und Ignoranz aller anderen Verkehrsteilnehmer.

«Was bringt eigentlich einen im Grunde freundlichen Hund dazu, sich im Straßenverkehr wie die Axt im Walde aufzuführen?», frage ich.

«Ich vermute, so was ist angeboren», antwortet sie prompt. «Bei mir könnte es ein versteckter Rassestandard sein.»

«Du meinst, du kannst nicht nur besonders gut apportieren, sondern auch besonders gut Autofahrer anpöbeln?»

«Ganz genau», antwortet sie. «Und wenn du jetzt nicht endlich auf die verdammte Hupe drückst, dann wird dieser Idiot dir den Kotflügel aufschlitzen – was dann leider auch mein Ende wäre.»

«Was soll das heißen: dein Ende?»

«Bis die Polizei hier ist, bin ich längst verblutet.»

«Red keinen Quatsch. Du blutest überhaupt nicht.»

«Tu ich doch. Willst du mal sehen?»

«Nein. Ich muss mich auf den Verkehr konzentrieren», sage ich. «Außerdem fädelt sich dieser Kerl vor uns völlig zu Recht ein. Jeder Fahrer aus unserer Reihe lässt einen Fahrer aus der neben uns liegenden Reihe einfädeln. Das nennt man Reißverschlussverfahren. Man macht das, um den Verkehrsfluss an Engstellen aufrechtzuerhalten.»

«Klappt ja toll», höhnt Miss Happy. «Wir kriechen hier durch die Gegend wie du, wenn du bei deiner Frau in Ungnade gefallen bist.»

«Ohne das Reißverschlussverfahren würden wir vielleicht überhaupt nicht vorankommen», gebe ich zu bedenken. «Und danke für den Vergleich.»

«Gern. Kannst du nicht einfach auf dem Standstreifen überholen?», fragt sie. «Immerhin hast du einen medizinischen Notfall an Bord.»

«Du bist kein Notfall», entgegne ich. «Du hast dir lediglich einen winzigen Stachel in die Pfote getreten.»

«Es ist ein sehr großer Stachel, und die Wunde blutet stark», verkündet sie schnippisch. «Außerdem sind wir auf dem Weg zum Tierarzt. Also bin ich definitiv ein Notfall.»

«Wir fahren nur deshalb zum Tierarzt, weil du dir den Stachel nicht von mir ziehen lässt. Der Fall könnte also längt erledigt ein, wir müssten uns nicht durch den Berufsverkehr quälen, und du könntest entspannt in deinem Körbchen liegen, statt dich hier mit wüsten Beschimpfungen zu verausgaben.»

Miss Happy schnaubt verächtlich. «Nimm es mir nicht übel, Walter. Aber als du mir zuletzt einen Stachel gezogen hast, da war die Folge eine schwere Sepsis. Das will ich wirklich nicht noch mal erleben. Um ein Haar hätte man mir beide Vorderbeine amputieren müssen.»

«Happy, du hattest weder eine Sepsis, noch war jemals eines deiner Beine in Gefahr», stelle ich fest. «Die Wunde hat sich minimal entzündet, weshalb man dir eine Salbe verschrieben hat. Das war schon alles.»

«Ich vermute, der Arzt wollte dich schonen. Deshalb hat er dir verschwiegen, wie schlecht es wirklich um mich stand.»

«Er hat dich nicht einmal zur Beobachtung dabehalten», wende ich ein.

«Vielleicht weil er dachte, dass ich die Nacht sowieso nicht überlebe?»

Es hat wenig Sinn, mit Happy zu diskutieren, wenn sie in dieser Stimmung ist. Statt etwas zu erwidern, verdrehe ich genervt die Augen.

Diesen kleinen Moment der Unachtsamkeit nutzt ein junger Mann in einem Mini Cooper, um sich ebenfalls noch rasch vor mir einzufädeln.

«Was war das?», ruft Miss Happy. «Hast du gesehen, wie dieser blöde Hipster uns die Vorfahrt genommen hat? Der Schwachkopf hat definitiv das Reißverschlussverfahren nicht verstanden.»

Ich seufze leise und spare mir erneut einen Kommentar.

«Was ist los, Walter? Willst du nicht wenigstens jetzt mal hupen? Sei ein Mann! Hup endlich!»

«Wozu?», frage ich. «Die Sache ist gelaufen.»

«Aber du musst deinem Ärger Luft machen», beharrt Miss Happy. «So macht man das im Straßenverkehr.»

«Nö. Muss ich nicht», sage ich. «Aber was ist mit dir? Willst du deinem Ärger Luft machen? Du könntest knurren, bellen und wütend die Zähne fletschen. Na? Wie wär's?»

Um mein Angebot zu untermauern, betätige ich den elektrischen Fensterheber und lasse im Fond die Scheiben nach unten surren. «Tu dir keinen Zwang an. Wenn es nach mir geht, dann darfst du den Kerl gern nach Herzenslust verbellen.»

Sobald wir die Engstelle passiert haben, gebe ich Gas, um mit dem Mini Cooper gleichzuziehen. Als wir uns unmittelbar neben dem Hipster befinden, rufe ich nach hinten: «Also los! Mach deinem Ärger Luft!»

Miss Happy zögert einen Moment, dann bellt sie kurz. Es ist ist ein halbherziges, ja beinahe müdes Bellen.

«War das alles?», frage ich. «Was ist los?»

«Ach, ich fühle mich schwach», antwortet sie. «Meine Pfote pocht wie verrückt. Ist bestimmt wieder der Anfang einer Sepsis.»

«Wenn du mich den Stachel rausziehen lassen würdest, dann wäre es nicht nur von jetzt auf gleich mit dem Pochen vorbei», erwidere ich. «Vermutlich könnten wir auf diese Weise auch dein Leben retten. Allerdings gebe ich zu, es ist ein verdammt ehrgeiziger und sehr riskanter Plan.»

«Mach dich nur lustig, Walter. Falls ich es nicht rechtzeitig in die Klinik schaffen sollte, dann musst du Sabine und Emily erklären, warum du mir keinen Rettungshubschrauber gerufen hast. Ich glaube, dann wird dir dein Hochmut schnell vergehen.»

Ich stutze. «Denkst du wirklich, ich hätte dir einfach so einen Rettungshubschrauber rufen können?»

«Ja, logisch», antwortet sie. «Etwa nicht?»

Ich schweige, was Miss Happy verunsichert: «Was ist denn los, Walter? Wo ist das Problem? Habe ich etwa kein Anrecht auf eine angemessene medizinische Versorgung?»

«Tja. Ich befürchte, was ich dir jetzt erzähle, wird dich auf die Palme bringen», beginne ich diplomatisch.

«Egal. Immer raus mit der Sprache», fordert Miss Happy.

«Na ja, die Sache ist die: Es gibt zwar Tierärzte und Tierkliniken, aber ein dermaßen ausgereiftes und ausgeklügeltes Notfallsystem, wie es die Menschen haben, ist für Tiere leider nicht vorgesehen.»

Im Fond herrscht betroffenes Schweigen.

«Nicht vorgesehen? Was soll das heißen?», fragt Miss Happy merklich schockiert. «Bin ich etwa ein Patient zweiter Klasse?»

«Du bist vor allem ein Privatpatient», erkläre ich. «Und weil das bedeutet, dass sämtliche Kosten für deine Behandlungen von uns persönlich getragen werden müssen, bist du eher ein Patient dritter oder vierter Klasse – wir sind nämlich leider nicht sehr vermögend. Ein Rettungshubschrauber ist beispielsweise deutlich über dem Budget.»

«Wow. Das ist ein starkes Stück», sagt Happy. «Was kommt als Nächstes? Habt ihr bei meiner Krankenversicherung gespart?»

«Allerdings», antworte ich. «Aber sei froh. Immerhin hast du überhaupt eine.»

«Muss denn nicht jeder eine Krankenversicherung haben?», fragt sie mit leiser Verzweiflung.

«Das gilt für Menschen», antworte ich. «Und selbst da gibt es Ausnahmen. Aber du kannst dich beruhigen. Du hast eine Krankenversicherung, und sogar eine ganz ordentliche.»

«Das ist gut», sagt sie erleichtert. «Was ist alles inbe-

griffen? Einzelzimmer? Chefarztbehandlung? Kranken-
haustagegeld? Unterhaltungsprogramm?»

«Eigentlich … nichts dergleichen», gestehe ich.

«Was ist mit Homöopathie und Alternativmedizin?»

Ich schüttele den Kopf. «Ist leider auch nicht inbegriffen.»

«Physiotherapie?»

«Nein.»

«Psychotherapie?»

Wieder schüttele ich den Kopf.

«Zahnersatz?»

«Tut mir leid», antworte ich.

«Was ist denn überhaupt inbegriffen?», fragt Miss
Happy genervt.

«Die Versicherung deckt nur den Fall ab, dass du nach
einem Unfall operiert werden musst.»

«Aha. Und wenn ich operiert werden muss, weil ich
krank bin?»

«Dann zahlen wir das selbst», antworte ich und füge
leise hinzu: «Sofern wir es uns leisten können.»

«Das habe ich gehört», ruft sie. «Wenn das Auto ka-
puttgeht und ich zugleich eine lebenswichtige Operati-
on brauche, dann kann es also sein, dass ich gegen die
Autoreparatur den Kürzeren ziehe.»

«Nein», sage ich entschlossen. «Dann finden wir eine
Lösung. Versprochen.»

Miss Happy überlegt kurz, dann sagt sie: «Fahr mal
bitte rechts ran.»

Ich tue, worum sie mich gebeten hat, drehe mich zu
ihr um und frage: «Was ist los? Alles okay?»

Sie hebt die Vorderpfote, streckt sie mir mutig entgegen und atmet einmal tief durch: «Du wolltest das Ding doch selbst rausziehen. Bitte. Tu es.»

«Wirklich?», frage ich erstaunt.

Sie nickt entschlossen.

«Und warum hast du so plötzlich deine Meinung geändert?»

«Mach einfach, bevor ich es mir anders überlege.»

Ich suche und finde den Stachel. «Okay. Bereit?»

«Bereit.» Sie dreht den Kopf weg, um nicht mit ansehen zu müssen, was nun geschieht.

Blitzschnell ziehe ich den Stachel aus ihrer Pfote und stelle erfreut fest, dass sie es nicht einmal bemerkt hat.

«Du sagst, wenn du fertig bist?», bittet sie.

«Bin ich längst», antworte ich.

Erstaunt schaut sie sich ihre Pfote an, dann mich, dann wieder die Pfote. Sie leckt daran. «Das war's schon?»

«Das war's schon», bestätige ich.

Sie wirkt erfreut. «Dann kannst du jetzt umdrehen. Ich werde daheim in meinem Körbchen wieder zu Kräften kommen, nachdem ich uns gerade einen kostspieligen Tierarztbesuch erspart habe. Ich hoffe, du erinnerst dich daran, wenn ich mal eine teure Behandlung brauche.»

«Ja, das war super», lobe ich. «Beim nächsten Mal schaffen wir es vielleicht auch noch, uns den Stau zu ersparen, indem wir gar nicht erst losfahren.»

AUSGEZEICHNET

Bist du eigentlich Träger des Bundesverdienstkreuzes?», fragt Miss Happy.

«Leider nein. Aber vielen Dank, dass du annimmst, ich könnte mich auf besondere Weise um mein Land verdient gemacht haben.»

«Tu ich gar nicht», sagt Miss Happy.

«Warum hast du mich dann gefragt?»

«Weil ich gestern im Fernsehen erfahren habe, dass es rund 250000 Bundesverdienstkreuzträger gibt. Und da dachte ich, dass auch du vielleicht versehentlich eins zugeschickt bekommen hast.»

«Tja, tut mir leid», sage ich. «Mir ist weder das Bundesverdienstkreuz noch jemals irgendeine andere Auszeichnung verliehen worden.»

Miss Happy hebt den Kopf. «Echt nicht?»

«Echt nicht.»

«Besitzt du nicht mal einen Karnevalsorden?»

«Nicht mal das», antworte ich.

Miss Happy überlegt kurz, dann zieht sie erfreut die Lefzen hoch. «Und ich dachte schon, ich wäre die Einzige auf der Welt, die keine Medaille, keinen Pokal und keinen Orden hat.»

«Nö. Geht mir genauso», gebe ich zu.

«Freut mich, dass du auch so ein Durchschnittstyp

bist, der nichts Besonderes geleistet hat», sagt Miss Happy. «Das ist tröstlich.»

«Warum glaubst du, dass man nur dann etwas geleistet hat, wenn man eine Auszeichnung dafür bekommt?», frage ich.

«Glaube ich gar nicht», antwortet Miss Happy. «Aber es wäre doch schön, wenn man eine kleine Heldentat vorweisen könnte. Man wird dadurch nicht so unsterblich, wie es große Helden sind, aber man bekommt eine Vorstellung davon, wie es wäre, so jemand zu sein.»

«Und welchem Helden würdest du nacheifern wollen?»

«Vielleicht so jemandem wie Sergeant Stubby. Er ist ein hochdekorierter Offizier, eine nationale Berühmtheit, und er hatte sogar eine Audienz beim amerikanischen Präsidenten.»

«Wer ist denn Sergeant Stubby?», frage ich. «Nie gehört.»

«Ein berühmter Hund, der in der US-Armee gedient habt», erklärt Miss Happy. «Stubby war im 1. Weltkrieg in Frankreich stationiert. Unter seinen vielen Heldentaten ist auch die Enttarnung eines deutschen Spions. Für seinen Einsatz hat man Stubby mit Orden behängt und in den Rang eine Unteroffiziers befördert.»

«Interessant», sage ich. «Heißt das, gewöhnliche Gefreite mussten salutieren, wenn sie Stubby beim Gassigehen begegnet sind? Und durfte er sie verbellen, wann immer er wollte?»

«Ich vermute schon», erwidert Miss Happy. «Als Bullterriermischling hätte er das aber bestimmt auch getan, ohne Offizier zu sein.»

«Und du möchtest jetzt also auch so eine Berühmtheit werden wie dieser Sergeant Stubby», fasse ich zusammen.

«Wäre doch cool, oder?», antwortet Miss Happy. «Vielleicht würde man sogar einen Film über mich drehen. Die Geschichte dieses Sprengstoffspürhundes, der im Irak-Krieg seiner Hundeführerin gleich mehrmals das Leben gerettet hat, ist ja auch in Hollywood gelandet. Cooler Film, übrigens. Ich hab ihn vorgestern gestreamt.»

«Du hast nicht wieder auf meine Rechnung einen Film gekauft, oder?»

«Doch. Sonst müsstest du ihn ja jetzt leihen, und das wäre am Ende teurer, als ihn zu kaufen. Außerdem wirst du mir eines Tages für deine Filmbibliothek sehr dankbar sein. Wenn du in Rente gehst, dann hast du ein perfektes Entertainmentprogramm in der Cloud. Damit kannst du hundert Jahre alt werden, ohne Wiederholungen schauen zu müssen.»

«Oder ich kann es mir nicht leisten, in Rente zu gehen, weil meine Altersvorsorge in einer Filmbibliothek steckt, die mein Hund ohne meine Einwilligung zusammengekauft hat.»

«Dein weltberühmter Hund», verbessert Miss Happy. «Bis dahin werde ich als Militärhund Dutzenden Soldaten das Leben gerettet haben.»

«Das klingt aber nach einem extrem gefährlichen Weg zum Weltruhm», unke ich. «Also für mich wäre das nichts.»

«Dann hast du Glück. Für dich ist die Sache nämlich völlig ohne Risiko. Du müsstest dir nur überlegen, wer dich in dem Film über meine Heldentaten spielen soll.»

«Ach wie nett. Das heißt, ich komme auch vor?»

Miss Happy nickt. «Ganz am Anfang. Du stehst für die kleinbürgerliche Enge und Beschränktheit, der ich entfliehen muss, um mich zu befreien und meiner wahren Berufung zu folgen.»

«Das klingt toll», sage ich. «Ich denke, Brad Pitt wäre der Richtige. Wir haben eine große Ähnlichkeit, besonders was die Ausstrahlung betrifft.»

Miss Happy überlegt kurz, dann nickt sie. «Ja. Ist okay. Brad müsste halt ordentlich zunehmen. So wie Robert De Niro für diesen Boxerfilm.»

Ich überhöre die Stichelei. «Wenn du ein weltberühmter Militärhund bist, muss ich dich dann auch Sergeant nennen und morgens beim Betreten der Küche salutieren?»

Happy schüttelt den Kopf. «Ich glaube, Stubby war eine Ausnahme. Hunde beim Militär haben üblicherweise keinen Dienstgrad, und heutzutage bekommen sie auch keine Orden mehr umgehängt, es sei denn die Dickin-Medaille. Die ist das britische Gegenstück zum Viktoriakreuz für menschliche Kriegshelden.»

Ich zücke mein Smartphone und googele die Dickin-Medaille. «Aber das klingt doch, als wäre diese Auszeichnung vielleicht was für dich.»

«Ganz bestimmt sogar. Und deinen Vorschlag mit dem Salutieren überlege ich mir noch mal», fügt sie hinzu.

Ich finde einen Artikel über einen Sprengstoffspürhund, dem die Dickin-Medaille verliehen worden ist. «Sagt dir die Schäferhündin Lucca etwas?»

«Nie gehört», antwortet Miss Happy.

«Sie hat bei einem Einsatz in Afghanistan ein riesiges Waffenarsenal entdeckt», erkläre ich.

«Siehste. So stelle ich mir meinen Job auch vor», wirft Miss Happy ein.

«Beim Absuchen der näheren Umgebung ist sie dann auf eine Mine getreten», fahre ich fort.

Miss Happy zuckt merklich zusammen. «Aber sie hat es überlebt, oder?»

Ich nicke. «Und weil sie dabei vielen Soldaten das Leben gerettet hat, ist sie mit der Dickin-Medaille ausgezeichnet worden.»

Miss Happy nickt das fachmännische Nicken eines professionellen Militärhundes.

«Der Job ist extrem gefährlich, und manchmal muss man eben Opfer bringen», verkündet sie in einem Anflug von heroischer Selbstüberschätzung.

Ich halte ihr das Display meines Smartphones hin: «So sieht Lucca übrigens heute aus.»

Miss Happy wirft einen neugierigen Blick auf das Bild und erschrickt. «Sie hat ja nur drei Beine.»

«Ein Vorderbein hat sie bei ihrem letzten Einsatz in Afghanistan verloren.»

Miss Happy muss schlucken.

«Sie hat noch Glück gehabt. Fast wäre sie verblutet», füge ich hinzu.

Schweigen. Wieder muss Happy schlucken.

«Aber wie du eben gesagt hast. Manchmal muss man eben Opfer bringen.»

«Echt? Habe ich das so gesagt?», fragt sie kleinlaut.

«Wort für Wort», antworte ich. «Soll ich denn mal bei

der Bundeswehr anrufen und dich denen als Militär-hund empfehlen? Ich bin sicher, wenn du hart arbeitest, dann darfst du schon bald überall auf der Welt haar-sträubend gefährliche Jobs erledigen.»

Miss Happy schüttelt den Kopf. «Nett von dir, Walter. Aber ich hab es mir gerade anders überlegt. Wenn ich die Wahl habe zwischen einem Orden und meinem Bein, dann behalte ich lieber mein Bein.»

PRÜFUNGSANGST

Mein Hund und ich haben uns nichts mehr zu sagen. Ab sofort gehen wir getrennte Wege. Ich werde zwar auch in Zukunft meinen Pflichten als Halter nachkommen und Futter, Auslauf, einen Schlafplatz und medizinische Betreuung sicherstellen. Darüber hinaus hat Miss Happy aber nichts mehr von mir zu erwarten. Kein morgendlicher Plausch, keine Streicheleinheiten, keine Spielstunden. Mit alldem ist jetzt Schluss. In Zukunft sind wir nur noch Hund und Hundehalter. Eine reine Zweckgemeinschaft.

Sie weiß haargenau, was die Stunde geschlagen hat. Die eisige Atmosphäre, die zwischen uns herrscht, ist ihr ebenso wenig entgangen wie die Tatsache, dass ich sie heute nicht gegrüßt habe. Während ich damit beschäftigt bin, an meinem Kaffee zu nippen und missmutig in den Garten zu blicken, beobachtet Miss Happy mich verstohlen. Ich vermute, dass sie gern darüber reden würde, was gestern passiert ist.

Sie wirkt unruhig, hebt den Kopf, als wolle sie etwas sagen, legt ihn dann aber wieder auf ihre Vorderpfoten. So geht das einige Male. Es scheint, als würde sie darum ringen, den richtigen Moment und die richtigen Worte zu finden.

«Ist okay, dass du sauer bist», sagt sie dann.

Der heiße Kaffee und der Anblick des friedlichen Gartens hatten mich gerade ganz passabel von meiner miesen Laune abgelenkt. Jetzt meldet sie sich prompt zurück, denn ausgerechnet diejenige, die für meinen Ärger verantwortlich ist, sollte mir nicht sagen, dass ich mich zu Recht ärgere.

Ich schweige verstockt.

«Aber es war nicht allein meine Schuld», fügt sie kleinlaut hinzu.

Jetzt ärgere ich mich noch mehr. Was will sie mir denn damit sagen? Dass die Katastrophe, die sich gestern in der Hundeschule zugetragen hat, etwa an mir lag?

«Meine war es ganz bestimmt nicht», sage ich patzig.

«Wir tragen beide keine Schuld», stellt Miss Happy in mildem Tonfall fest.

«Ach ja? Was war es dann? Schicksal?», frage ich höhnisch

«Ja. Vielleicht», erwidert sie. «Wir sind zu meinem allergrößten Bedauern Opfer meiner Prüfungsangst geworden. Dabei wusste ich bis gestern nicht mal, was das ist.»

«Ich glaube, du machst es dir ein bisschen zu einfach, wenn du dieses totale Fiasko allein auf deine Prüfungsangst schiebst.»

«Ja, es lief nicht toll», gibt sie zu. «Aber Fiasko ist ein großes Wort.»

«Wie willst du es dann nennen, dass wir beide auf unbestimmte Zeit von der Prüfung für den Hundeführerschein ausgeschlossen worden sind, weil du unter anderem den Prüfer umgeworfen und ihm das Gesicht abgeleckt hast?»

«Ich erinnere mich dunkel. War keine gute Idee», gibt Miss Happy schuldbewusst zu. «Aber ich dachte, der Prüfer würde das vielleicht niedlich finden und über unsere kleinen Prüfungsschwächen hinwegsehen.»

Ich muss lachen. Es ist ein bitteres Lachen. «Was denn für kleine Schwächen? Wir waren ein Totalausfall. Ein Desaster. Es gibt kaum eine Aufgabe, die wir ansatzweise gemeistert haben.»

Miss Happy scheint verwundert. «Wirklich? So schlimm?»

«Weißt du das tatsächlich nicht mehr? Geht diese Prüfungsangst mit komplettem Gedächtnisverlust einher, oder was?»

«Schon möglich», antwortet sie nachdenklich. «Was ist mit den einfachen Kommandos? Die hab ich doch sicher problemlos befolgt, oder? Ich meine, die kenne ich in- und auswendig.»

«Dachte ich auch. Davon war aber gestern nichts zu sehen. Bei ‹Sitz› bist du leicht benommen umgekippt. Ich habe dann schnell ‹Platz› gerufen in der Hoffnung, dass du auf dem Bauch landest und dem Prüfer deine kleine Unsicherheit nicht auffällt.»

«Lass mich raten», erwidert sie. «Ich bin nicht auf dem Bauch gelandet.»

«Nein, auf dem Rücken. Du hast dich grunzend und mit heraushängender Zunge genüsslich hin und her gewälzt und dabei meine diversen Abbruchkommandos ignoriert.»

«Oh. Wie peinlich», sagt Miss Happy leise. «Was ist sonst noch passiert?»

«Kannst du dich wirklich an nichts mehr erinnern?», frage ich ungläubig.

Sie schüttelt den Kopf. «Wusstest du, dass Prüfungsangst in Amerika unter bestimmten Voraussetzungen als Behinderung anerkannt wird?»

«Bei Hunden?», frage ich verblüfft.

«Nein, leider nur bei Menschen. Aber daran siehst du, dass man das nicht auf die leichte Schulter nehmen darf. Das kann eine Krankheit sein.»

«Okay», sage ich und muss mich dazu zwingen, das gestrige Trauerspiel noch einmal Revue passieren zu lassen. «Die Sache lief so: Nachdem wir den ersten Teil der Prüfung, also die Grundkommandos, komplett verbockt hatten, haben wir bei den dann folgenden Handlings-Übungen ein bisschen Boden wettgemacht. Das lag daran, dass du alles, was verlangt wurde, völlig willenlos über dich hast ergehen lassen. Zu meinem großen Erstaunen hatte ich keine Schwierigkeiten damit, dein Maul oder deine Ohren anzufassen, dir Futter und Spielzeug abzunehmen oder dir einen Maulkorb anzulegen. Dabei hätte ich geschworen, dass gerade dieser Teil der Prüfung Schwierigkeiten machen würde.»

«Ja. Kaum zu glauben.» Miss Happy schüttelt verständnislos ihren Labradorkopf. «Ich mit Maulkorb. Unfassbar. Wie ging es dann weiter?»

«Im Park haben wir es endgültig versaut. Dabei wollte der Prüfer uns sogar helfen. Er hat eine Ecke ausgesucht, die nicht so stark frequentiert ist. Wir sind einer jungen Mutter mit Kinderwagen, einem Radfahrer und zwei Joggern begegnet. Für einen halbwegs gut sozialisierten Hund kein Grund, sich auch nur im Geringsten aufzuregen. Außerdem hast du dich noch nie für Kinderwagen, Radfahrer und Jogger interessiert.»

Miss Happy verzieht ahnungsvoll das Gesicht. «Was hab ich angestellt?»

«Die junge Mutter hast du verbellt, die Jogger gejagt und den Radfahrer in einen Busch gedrängt. Zum Glück war es ein ebenso netter wie sportlicher Student. Jeder andere würde jetzt mit einer Halskrause bei seinem Anwalt sitzen und überlegen, auf welche Summe er mich verklagen kann.»

«Heiliger Strohsack», sagt Miss Happy und schämt sich, indem sie ihre Schnauze unter den Vorderpfoten vergräbt.

«Von einer Befreiung von der Leinenpflicht sind wir beide jedenfalls sehr weit entfernt», sage ich. «Immerhin hält dich der Prüfer nicht für gemeingefährlich. Sonst müssten wir jetzt nämlich auch noch einen Wesenstest machen, damit du nicht obendrein maulkorbpflichtig wirst.»

«Oh mein Gott», murmelt Miss Happy.

«Das kannst du laut sagen», pflichte ich bei. «Und wir haben die Auflage bekommen, noch einmal den Anfängerkurs zu absolvieren, bevor wir uns erneut zur Sachkundeprüfung anmelden dürfen. Wir fangen also wieder bei Adam und Eva an.»

Abrupt hebt Miss Happy den Kopf. «Adam und Eva?»

«Ja, das sagt man so, das soll heißen …»

«Ich weiß, was es bedeutet», sagt sie schnell. «Mir ist nur gerade schlagartig etwas eingefallen. Waren wir gestern vor dieser Prüfung im Park?»

«Ja, ich dachte, wir machen einen entspannenden

Spaziergang und spielen noch ein bisschen, bevor es ernst wird.»

«Adam und Eva», wiederholt Miss Happy leise. «Jetzt kann ich mich wieder an alles erinnern. Da war dieses junge Paar. Zwei frisch Verliebte bei einem Picknick. Die beiden haben so weltvergessen geknutscht, dass der Picknickkorb völlig unbewacht war. »

Ich setze mich an den Küchentisch, weil ich das Gefühl habe, es könnte mir guttun, dass ich sitze, wenn Miss Happy mir eröffnet, dass sie ein frisch verliebtes Paar um sein Picknick gebracht hat.

«Da lagen ganz viele leckere Sachen herum», fährt sie fort. «Obst, Käse, Brot. Und außerdem lagen da noch diese …» Sie stockt, bevor sie das Unaussprechliche ausspricht: «Diese Rumkugeln.»

Ich schließe die Augen und versuche, ruhig zu bleiben. Dann stelle ich mit leicht zitternder Stimme fest: «Du hast vor der Sachkundeprüfung Rumkugeln gefressen.»

«Nur drei, vier Stück. Ich war so schrecklich nervös», erklärt Miss Happy entschuldigend.

«Alkohol, Zucker und Kakao», fasse ich zusammen. «Die absolut perfekte Mischung, um einen folgsamen Hund in einen manisch-depressiven Dödel zu verwandeln. Vielen Dank, Miss Happy.»

«Ich wollte stark sein, aber dieses Fressen lag da einfach so herum.»

«Übrigens: Noch ein paar Kugeln mehr, und wir hätten einen Tierarzt gebraucht. Es gibt in Schokolade einen Stoff, der heißt Theobromin und kann für Hunde im Extremfall tödlich sein.»

«Ich wusste nicht, dass das Zeug so reinhaut. Ich hab sofort Würstchen und Kartoffelsalat nachgeschoben, aber es war offensichtlich schon zu spät. Tut mir wirklich leid, Walter. Demnächst klaue ich nur die Würstchen. Das verspreche ich dir hoch und heilig.»

Ich seufze. «Zum Glück hast du nicht mehr davon gefressen.»

Sie stutzt und sieht mich überrascht an.

«Du machst dir Sorgen um mich», stellt sie fest. «Wie süß.»

Ich ignoriere die Bemerkung. «Immerhin wissen wir jetzt, woran es gelegen hat. Also Schwamm drüber. Wir fangen einfach noch mal von vorne an.»

Energisch schüttelt Miss Happy den Kopf. «Nein, Walter. Es ist vorbei. Das würde wieder so enden wie gestern. Rumkugeln hin oder her. Meine Prüfungsangst bleibt.»

«Aber das geht nicht», erwidere ich. «Die Folge wäre, dass du ab jetzt immer angeleint bleibst. Willst du das?»

«Nein, natürlich nicht. Aber es ist auch unsinnig, eine Prüfung abzulegen, von der man schon vorher weiß, dass man sie nicht bestehen wird.»

Auch wieder wahr. «Und was machen wir jetzt?»

«Die Alternative ist, dass ich ab sofort nicht mal mehr eine Hundemarke trage. Wenn das Ordnungsamt aufkreuzt, dann kennen wir beide uns nicht. Ich bin nur ein streunender Hund, der niemandem gehört.»

«Sie werden den Hundefänger anrufen», wende ich ein.

«Ja, aber bis der da ist, sind wir beide längst über alle Berge. Und falls man mich doch mal erwischen sollte, dann wird mein Chip dafür sorgen, dass sie dich informieren. Du behauptest dann einfach, dass ich ausgebüxt bin.»

Ich muss grinsen. «Netter Versuch.»

«Hey! Ich habe wirklich Prüfungsangst», erwidert Miss Happy gereizt.

«Ich weiß», sage ich. «Wir versuchen es trotzdem noch einmal. Zwar mit Prüfungsangst, dafür aber ohne Rumkugeln. Ist nur ...»

«Sag jetzt nicht, dass es nur zu meinem Besten ist», warnt Miss Happy.

Ich nicke. «Okay.»

RÜCKGRAT

Ich brauche fast eine Viertelstunde für die zehn Meter von der Garage bis zur Haustür, weil ich nur kriechend vorankomme. Beim Verstauen meines Fahrrads ist mir ein Schmerz in den Rücken geschossen, den ich nicht einmal meinem ärgsten Feind wünsche.

Mein letzter Bandscheibenvorfall liegt fünfzehn Jahre zurück. Damals habe ich angefangen, regelmäßig Yoga zu machen. In letzter Zeit war das wohl nicht ganz so regelmäßig. Jetzt habe ich den Salat und kann mich nur noch auf allen vieren fortbewegen. Dennoch versuche ich, die Sache optimistisch zu sehen. Mit ein bisschen Glück und Schmerztabletten, Massagen, Salben und Bädern ist diese Episode in zwei bis drei Wochen Geschichte. In der Zwischenzeit werde ich zwar herumschleichen wie ein Tattergreis und mir von meiner Frau vorhalten lassen, dass ich nicht genug auf mich achte, aber das habe ich mir selbst zuzuschreiben. Zu meinem Glück sind Sabine und Emily über Nacht zu den Großeltern gefahren, somit habe ich noch Zeit bis morgen, um mich auf die Standpauke einzustellen.

Als ich es endlich geschafft habe, die Haustür aufzuschließen und in den Flur zu kriechen, würde ich mich am liebsten erschöpft auf die Seite fallen lassen. Ich ahne jedoch, dass ich mir dadurch höllische Schmerzen einhandeln würde. Also schiebe ich die Tür vorsichtig mit der Fußspitze ins Schloss und verharre reglos auf allen vieren, um zu verschnaufen.

Ein Tippeln ist zu hören, dann schaut Miss Happy um die Ecke. «Hallo, Walter.» Sie späht ins Halbdunkel. «Ähm. Alles okay mit dir?»

«Geht so», antworte ich.

Interessiert kommt sie näher. «Was machst du da? Suchst du was? Ist das ein neues Spiel? Oder willst du ausprobieren, wie es ist, mit mir auf Augenhöhe zu sein? Moment mal, bist du etwa besoffen?»

«Nein, ich hab einen Hexenschuss», erkläre ich.

Miss Happy wundert sich. «Eine Hexe hat auf dich geschossen?»

«Nein. Das sagt man nur so, wenn man ganz plötzlich höllische Rückenschmerzen hat. Kannst du bitte mal das Licht anmachen? Ich komme nicht an den Schalter, hab kaum die Tür aufgekriegt.»

Miss Happy stutzt erschrocken. «Wie? Bist du gelähmt? Etwa für immer?»

«Nein, nicht für immer. Aber jetzt gerade kann ich mich leider kaum bewegen», erkläre ich. «Wenn ich es erst einmal bis ins Bad geschafft und da mit etwas Glück ein paar Schmerztabletten gefunden habe, dann geht es mir in einer halben Stunde bestimmt viel besser.»

Sie überlegt kurz. «Heißt das, ich könnte dir durchs Gesicht lecken, und du wärst nicht in der Lage, dich dagegen zu wehren?»

«Untersteh dich», sage ich.

«Könnte ich?», beharrt sie.

Ich bleibe die Antwort schuldig. Miss Happy öffnet die Schnauze und lässt ihre lange Zunge herausfallen. Hechelnd steht sie einfach nur da.

«Lass es bleiben», sage ich mit drohendem Unterton und sehe ihr dabei direkt in die Augen, um meiner Forderung Nachdruck zu verleihen.

Ihre Zunge verschwindet wieder, ihr herausfordernder Blick bleibt.

«Ich glaube, ich könnte, wenn ich wollte», sagt sie. «Und ich glaube auch, es gäbe rein gar nichts, was du dagegen tun könntest.»

«Wer weiß, vielleicht würde ich mir eine besonders drakonische Strafe für dich einfallen lassen», versuche ich sie einzuschüchtern.

Es ist nur eine leere Drohung, und ich weiß, dass sie sich davon nicht beeindrucken lassen wird. Im Gegenteil. Vermutlich kann sie gar nicht anders, als sich über mein Verbot hinwegzusetzen. Das ist so ähnlich wie die Sache mit den Essensresten im Park: Je intensiver ich mich darum bemühe, sie davon abzuhalten, desto entschlossener frisst sie alles, was sie finden kann.

«Achtung, ich mach es jetzt», sagt sie und gibt mir eine Sekunde Zeit, um mich auf die Attacke einzustellen. Dann leckt sie mir in Windeseile kreuz und quer durchs Gesicht. Und noch mal. Und noch mal.

«Hua», bringe ich mühsam hervor, als es vorbei ist. Mein Gesicht fühlt sich feucht und klebrig an. Ich würde mich gern schütteln, vermute aber, dass sich dadurch mein Bandscheibenvorfall verschlimmert.

«Siehste? War doch gar nicht so schlimm, oder?», sagt sie.

«Geht so», antworte ich erschöpft. «Wärst du jetzt bitte so freundlich, das Licht anzuschalten?»

«Wenn du die Haustechnik mit dem Sprachassistenten vernetzen würdest, dann könntest du das Licht per Sprachbefehl einschalten», sagt Miss Happy und stellt ihre Vorderpfoten gegen die Wand, um mit der Nase den Lichtschalter zu betätigen. «So was nennt man Smart Home.»

Als das Licht aufflammt, kneife ich die Augen zusammen. «Ich weiß, was ein Smart Home ist. Ich will nur keins. Wir leben in einem gewöhnlichen Haus und nicht auf der Enterprise.»

«Meinst du das Raumschiff?», hakt Miss Happy nach.

«Allerdings.»

«Und von welcher Enterprise genau sprichst du?»

«Gibt's etwa mehrere?», frage ich erstaunt.

«Ich glaube, so ungefähr ein Dutzend», erwidert Miss Happy.

«Also, ich meine die Enterprise, die wir als Kinder gesehen haben.»

«Wirklich, Walter? Deine Science-Fiction-Bildung beruht auf einer fünfzig Jahre alten TV-Serie, die vor der ersten bemannten Mondlandung eingestellt wurde?»

Ich schweige beredt.

«Kein Wunder, dass du so technologiefeindlich bist. Fragt sich nur, was du in zwanzig Jahren machen wirst, wenn dein Rücken vollends hinüber ist und du dich nur noch mit Hilfe eines Exoskeletts fortbewegen kannst. Das sind diese Roboterkorsetts, mit denen man Gelähmte stützen kann, damit sie wieder ...»

«Ich weiß, was ein Exoskelett ist», schimpfe ich, während ich mich zentimeterweise durch den Flur arbeite. «Und jetzt hör auf mit diesen Geschichten! Mir geht es schon schlecht genug, da brauche ich nicht auch noch deine düsteren Zukunftsvisionen.»

Gerade bin ich an der Gästetoilette vorbeigekrochen, deren Tür offen steht, damit unser Hund an seinen Wassernapf gelangen kann. Als ich das Wasser sehe, spüre ich großen Durst, was mich einen sehnsüchtigen Blick zum unerreichbaren Wasserhahn über mir werfen lässt.

Miss Happy ahnt, was in mir vorgeht. «Bedien dich ruhig, Walter. Mein Napf ist dein Napf. Fressen ist leider alle, ich konnte ja nicht ahnen, dass heute noch Gäste kommen.»

Ich schüttele den Kopf. «Danke, aber sobald ich das hintere Bad erreicht und ein paar Schmerztabletten eingeworfen habe, werde ich mich hoffentlich halbwegs aufrichten und ein großes Glas frisches Wasser trinken können.»

«Aber mein Wasser ist auch frisch», erwidert Miss Happy. «Du hast es mir zum Abendessen erst hingestellt. Und der Napf kam auch direkt aus der Spülmaschine. Ich hab es noch nicht angerührt. Wenn es also nur um die Hygiene geht, dann kannst du dich ohne Bedenken bedienen.»

Ich überschlage, dass mich der Weg ins hintere Bad eine weitere halbe Stunde kosten könnte. Da mein Durst groß ist, sollte ich mich also überwinden und Miss Happys Angebot annehmen, auch wenn sie mich danach bestimmt wochenlang mit hämischen Kommentaren verfolgen wird.

Als ich mich über den Napf beuge, um meinen Durst

zu stillen, fallen mir zwei Dinge auf. Erstens ist diese Trinkposition vielleicht nicht sehr fein, aber erstaunlich bequem, besonders wenn man einen lädierten Rücken hat. Zweitens sind Haare im Wasser. Hundehaare. Als ich sie mir von den Lippen und der Zungenspitze pflücke, höre ich Miss Happy leise schnaufen.

«Na ja. Noch nicht angerührt war vielleicht übertrieben», gibt sie zu. «Ein paarmal hab ich dran geschlabbert, aber wirklich nicht oft.»

«Ach, ist jetzt auch egal», sage ich und mache mich wieder im Schneckentempo auf den Weg ins hintere Bad.

Miss Happy beobachtet mich eine Weile, dann sagt sie: «Ich könnte dir die Tabletten auch holen, wenn du willst.»

«Ja, das wäre toll», sage ich und erkläre ihr, wie die Packung aussieht, und wo sie zu finden ist.

«Gut. Kein Problem. Bin gleich wieder da.»

Während sie durch die Wohnung tippelt, um mir die Schmerztabletten zu holen, bringe ich mich mühsam millimeterweise in eine halbwegs erträgliche Sitzposition. Als Miss Happy zurückkommt, hocke ich auf dem Boden, Rücken gegen die Wand, die Beine ausgestreckt.

Sie legt die Packung Schmerzblatten neben mir ab.

«Danke.»

«Sekunde noch», sagt sie und verschwindet erneut, diesmal in die andere Richtung.

Wenig später erscheint sie am Ende des Flures mit einer halbvollen Flasche Rotwein, deren Hals sie zwischen die Zähne geklemmt hat. Vorgestern habe ich ein

Glas davon getrunken und die Flasche dann neben dem Sofa vergessen.

Vorsichtig stellt sie die Flasche neben mir ab. «Mit irgendwas musst du die Tabletten ja runterkriegen», sagt sie.

Ich nehme zwei Tabletten mit ein paar Schlucken Rotwein und atme tief durch. Tut gut.

Miss Happy steht etwas unschlüssig neben mir.

«Es ist spät», sage ich. «Wenn du willst, kannst du dich gern wieder in dein Körbchen legen. Danke für deine Hilfe.»

«Wie lange willst du denn noch hierbleiben?», will sie wissen.

Ich zucke mit den Schultern. «So lange, wie es dauert, bis die Tabletten wirken. Halbe Stunde vielleicht.»

«Halbe Stunde», wiederholt sie leise.

Dann lässt sie sich neben mir nieder, legt ihren Kopf auf mein Knie und fragt: «Würdest du mir vielleicht ein paar Minuten den Nacken kraulen?»

«Klar», sage ich und tue, worum sie mich gebeten hat.

«Wenn ich mal alt und grau bin und Hüftdysplasie habe, dann kümmerst du dich auch um mich, oder?», fragt sie nach einer Weile.

«Sicher mache ich das», antworte ich. «Vielleicht laufen wir dann ja beide mit Exoskeletten im Park herum.»

Ihre Lefzen heben sich zu einem Grinsen. «Das wäre witzig.»

SAUBER!

Miss Happy hockt vor der Küchenzeile und beobachtet mit Argusaugen, wie ich ihre morgendliche Mahlzeit zubereite. Sie bekommt Trockenfutter, dazu naturbelassenes Entenfleisch aus der Dose. Als krönenden Abschluss gebe ich noch ein paar Möhrenstücke hinzu, einfach weil es nett aussieht.

«Hast du die Möhren eigentlich gewaschen?», fragt sie argwöhnisch.

«Nein», antworte ich prompt. «Aber die Ente aus der Dose hat, kurz bevor sie gefangen wurde, noch rasch ein Bad im See genommen. Die ist also ganz bestimmt sauber.»

Miss Happy findet das gar nicht witzig. «Dann hast du dir eben bestimmt auch nicht die Hände gewaschen, oder?»

«Worauf willst du hinaus?», frage ich.

«Ehrlich gesagt, mache ich mir Sorgen über den Hygienestandard in diesem Haus», erklärt sie. «Ich habe nämlich gestern eine Doku gesehen.»

«Es gibt eine Doku über den Hygienestandard bei uns?», flachse ich. «Das ist toll. Die würde ich mir auch gern mal ansehen.»

«Über Hygienestandards insgesamt», erklärt Miss Happy mit ernster Miene. «Dazu gehört beispielsweise auch, dass meine Näpfe regelmäßig gewaschen werden, dass ich jeden Morgen frisches Wasser bekomme und dass die Decken in meinem Körbchen mindestens einmal pro Monat gewechselt und bei mindestens 60 Grad gewaschen werden müssen.»

«Das hast du dir gut gemerkt», lobe ich.

«Und das ist noch längst nicht alles», unkt Miss Happy.

«Okay. Hast du eine Checkliste gemacht, die wir abarbeiten können, oder reicht es aus, wenn ich dir verspreche, dass in diesem Haus sämtliche relevanten Hygienestandards eingehalten werden?»

«Woher willst du das wissen?», fragt Miss Happy spitz.

«Vielleicht, weil ich Hygieniker bin», antworte ich.

Miss Happy zieht ihre Lefzen zu einem breiten Grinsen hoch. «Hygieniker.» Sie schnauft belustigt. «Ja. Schon klar.»

«Ich bin wirklich Hygieniker.»

«Und ich habe das Penizillin entdeckt», spottet Miss Happy.

«Hast du nicht. Das war Alexander Fleming.»

«War das nicht Robert Koch?», fragt sie verunsichert.

«Ganz sicher nicht. Robert Koch hat den Erreger der Tuberkulose entdeckt, und er war neben Louis Pasteur Begründer der modernen Bakteriologie und Mikrobiologie. Übrigens war Koch auch Hygieniker. Ein sehr wichtiger Mann für meinen Berufsstand.»

Miss Happy wirkt verunsichert. «Echt jetzt? Du bist wirklich Hygieniker?»

«Ja, ich bin Krankenhaushygieniker», versichere ich.

Sie schüttelt verständnislos den Kopf. «Ich dachte, du wärst Arzt.»

«Ich bin Arzt. Facharzt für Mikrobiologie, Virologie und Infektionsepidemiologie, um genau zu sein. Möchtest du meine Visitenkarte sehen? Oder meine Doktorarbeit lesen?»

«Dann bist du gar kein Arzt, der Leute rettet? Mit Blaulicht und so?»

«Nein. Krankenhaushygieniker brettern eher nicht mit Blaulicht durch die Gegend», sage ich. «Mein Job ist es, Ansteckungen vorzubeugen oder diese einzudämmen, falls es trotz aller Vorsichtsmaßnahmen dazu gekommen ist. Weißt du, im Krankenhaus müssen besondere Hygienestandards eingehalten werden. Und dafür bin ich zuständig. Manchmal rette ich also Leuten durchaus das Leben.»

«Cool. Das habe ich mal im Film gesehen. Das heißt also, du bist einer von diesen Leuten in weißen Schutzanzügen, die angerufen werden, wenn Aliens die Menschheit mit irgendwelchen supertödlichen Bakterien aus dem Weltraum infiziert haben?»

«Genau so ist es», sage ich. «Sobald Aliens mit supertödlichen Bakterien aus dem Weltall die Menschheit ausradieren wollen, klingelt mein Handy. Ich hole dann rasch meinen weißen Schutzanzug aus der Reinigung, springe in den nächstbesten Militärhubschrauber, und los geht's.»

«Cool», wiederholt Miss Happy. «Dann brauche ich mir also um die Hygienestandards in diesem Haus wirklich keine Gedanken zu machen. Ehrlich gesagt war ich nach dieser Doku ziemlich beunruhigt. Ich habe dann einige dieser Infektionen gegoogelt. Gruselig. Salmonellen, EHEC, Hantaviren oder Campylobacter – oder so ähnlich. Und dann gibt es ja noch diese gefährlichen Parasiten: Zecken, Mücken, Flöhe, Läuse, Milben, Würmer. Hast du eine Ahnung davon, wie viele Wurmarten es gibt?»

«Hab ich», sage ich. «Auch das gehört zu meinem Job.»

«Und manche Parasiten bringen noch andere Parasiten mit», ereifert sich Miss Happy. «Ist das nicht ekelhaft? Stell dir vor, Kieferläuse und Flöhe übertragen zum Beispiel den Gurkenwurm. Da kommen zwei Parasiten bei dir vorbei, bringen noch ungefragt einen dritten Parasiten mit und feiern auf deinem Fell eine lustige Parasitenparty.»

«Der Wurm heißt nicht Gurkenwurm, sondern Gurkenkernbandwurm», sage ich. «Und er findet sich nicht auf deinem Fell, sondern allenfalls in deinem Verdauungstrakt. Aber erstens wirst du regelmäßig entwurmt, und zweitens würde es für dich vermutlich glimpflich verlaufen, wenn du einen Gurkenkernbandwurm hättest. So ist das nämlich in den meisten Fällen. Es besteht also kein Grund zur Panik, zumal du schlimmstenfalls mit Verdauungsstörungen zu kämpfen hättest.»

«Mag ja sein, es gibt aber auch brandgefährliche Infektionen», erwidert Miss Happy. «Wenn du beispielsweise Hantaviren hast, dann können deine Nieren kolportieren, und dann stirbst du.»

«Nein. Du stirbst nicht unbedingt, wenn deine Nieren … kollabieren», sage ich. «Außerdem werden Hantaviren von Nagern übertragen, und das vorzugsweise auf den Menschen. Ich bin mir nicht mal sicher, dass Hunde sich mit Hantaviren infizieren können, aber falls das so ist, dürfte diese Infektion folgenlos bleiben.»

«Folgenlos? Und was ist dann damit, dass die Nieren streiken können?»

«Das gilt für Menschen», sage ich. «Ich befürchte, dass du diese Doku insgesamt völlig falsch verstanden hast. Es ging da bestimmt nicht um Hygienemaßnahmen, die Hunde vor Menschen schützen sollen, sondern umgekehrt.»

Miss Happy schnaubt belustigt. «Red keinen Quatsch, Walter. Du willst doch nicht sagen, dass ich euch mit gefährlichen Krankheiten anstecken könnte, oder?»

«Doch. Denn genau so ist es ja auch», sage ich. «Salmonellen, EHEC oder Campylobacter werden primär vom Hund auf den Menschen übertragen. Vermutlich hat diese Doku also gezeigt, wie Menschen sich vor Infektionen durch Hunde schützen können, und nicht umgekehrt.»

Miss Happy ist schockiert. «Ich kann euch krank machen? Echt?»

Ich nicke und sehe mit Bedauern, dass sie fassungslos den Kopf schüttelt. Offenbar bricht gerade eine Welt für sie zusammen.

«Jetzt beruhige dich mal wieder», sage ich aufmunternd. «Das ist, wie gesagt, eher eine theoretische Möglichkeit. Und wir tun alles, damit es nicht dazu kommt.»

«Aber stell dir vor, ich würde Emily mit einer fiesen Krankheit anstecken. Das könnte ich mir doch nie verzeihen.»

«Ich verstehe deine Sorgen, aber du solltest dich nicht zu sehr ängstigen. Du bist geimpft und entwurmt. Und die Hunde, mit denen du spielst, sind das in der Regel auch. Wenn du im Park nicht ständig irgendwelchen Kram fressen würdest, dann wäre die Wahrscheinlichkeit, dass du uns einen Krankheitserreger ins Haus holst, vermutlich sehr gering.»

Miss Happy merkt auf. «Wenn man im Park Sachen frisst, dann wird man krank?»

«Muss nicht sein. Kann aber passieren.»

«Heißt das, ich dürfte da gar nichts mehr fressen? Nie wieder?»

«Ja. Das heißt es. Und besonders keinen alten, fiesen und dreckigen Kram.»

Miss Happy überlegt, dann sagt sie: «Wird schwierig. Wenn ich da so ein uraltes Stück Pizza herumliegen sehe oder einen Hühnerknochen vom letzten Sommer, dann kann ich meistens nicht widerstehen.»

«Ich weiß», sage ich. «Und bislang ist ja auch nichts passiert.»

Miss Happy überlegt.

«Okay. Ich versuche mich zu beherrschen», sagt sie dann. «Sonst noch was, das ich beachten muss?»

Ich denke daran, dass sie gern durch faulige Schlammlöcher robbt, ihre Nase tief in versifftes Wasser steckt oder sich in unappetitlichen Dingen wälzt. Ja, da gäbe es noch viel, was sie in Zukunft beachten müsste, um ein hygienisch sauberer Hund zu werden. Dann jedoch fällt mir ein, welch pures Glück sie ausstrahlt, wenn sie einfach nur tut, wozu sie Lust hat, und sei es noch so dreckig und unhygienisch.

«Also», sagt sie und schaut mich erwartungsvoll an. «Sag schon. Gibt es noch etwas, das ich tun kann?»

«Nein», lüge ich. «Das ist alles.»

GEFÄLLIGKEITEN

Ich habe gestern Abend eine sehr interessante Doku gesehen», verkündet Miss Happy.

«Hast du eigentlich auch noch andere Hobbys?», frage ich.

«Sei doch froh, dass ich mich weiterbilde», antwortet sie.

Auch wieder wahr. «Und worum ging es in dieser Doku?»

«Ich verfolge da gerade eine Serie über Hunderassen, und diesmal wurde der Labrador Retriever vorgestellt.»

«Und? Hast du was Neues über dich erfahren?»

«Immerhin habe ich einen neuen Ausdruck gelernt: *will to please*. Sagt der dir was?»

Ich erinnere mich daran, dass uns dieser Fachbegriff begegnet ist, als wir uns auf die Suche nach einem geeigneten Familienhund gemacht haben. Er bezeichnet eine Charaktereigenschaft, die dem Labrador Retriever in besonderem Maße zugesprochen wird, nämlich das Bedürfnis, seinem Menschen zu gefallen. Als die Züchterin vom *will to please* ihrer Labradore schwärmte, da klang es, als wären diese Hunde so dankbar für jede Form von Aufmerksamkeit und Zuwendung, dass sie quasi im Handumdrehen zu erziehen wären. Das überzeugte uns. «Ja, das sagt mir was. Der *will to please* war einer der Gründe, warum wir uns entschieden haben, einen Labrador anzuschaffen.»

Miss Happy nickt bedächtig. «Ja, das habe ich mir schon fast gedacht. Und seid ihr zufrieden? Also würdest du aus heutiger Sicht sagen, dass ich tatsächlich den unbändigen Willen habe, euch zu gefallen?»

«Unbändiger Wille ist vielleicht etwas übertrieben …», wiegele ich ab und überlege, wo der *will to please* bei unserem Hund zu finden sein könnte. Dabei wird mir klar, dass Miss Happy vermutlich ohne diese Eigenschaft geliefert wurde. «Eigentlich interessiert du dich nicht die Bohne dafür, ob uns gefällt, was du tust – oder auch nicht tust.»

«Dann sind wir uns ja einig, denn das sehe ich auch so», stimmt Miss Happy zu. «Und jetzt frage ich mich natürlich, ob das an mir liegt und ob ich das ändern kann. Ich meine, vielleicht setzt ihr mich eines Tages auf die Straße, nur weil mir dieser *will to please* fehlt.»

«Ach, darüber würde ich mir nicht den Kopf zerbrechen», sage ich. «Ich vermute, wir haben zufällig einen Hund ohne *will to please* erwischt. Aber das macht nichts, es sind ja auch nicht alle Jagdhunde total versessen darauf, auf die Jagd zu gehen.»

«Das stimmt, aber der Vergleich hinkt», erwidert Miss Happy. «Jemand, der sich einen Jagdhund anschaffen möchte, wäre nicht mit einem Hund zufrieden, der überhaupt keinen Jagdtrieb besitzt. Insofern müsstet ihr mich eigentlich reklamieren. Ein Labrador ganz ohne *will to please* ist wie ein Pointer, der sich ständig beim Spurenlesen blamiert.»

«Das ist doch Quatsch», winke ich ab. «Und so

wichtig war uns dieser *will to please* dann auch wieder nicht.»

«Aber du hast doch eben gesagt, dass ihr euch aus genau diesem Grund für einen Labrador entschieden habt.»

«Na ja, eigentlich war es nur ein Grund von vielen», flunkere ich. «Und jetzt hör auf, dir den Kopf darüber zu zerbrechen. *Will to please* hin oder her, wir werden dich ganz bestimmt nicht reklamieren. Außerdem kann das ja auch unser Fehler sein. Vielleicht erziehen wir dich falsch.»

Miss Happy zieht die Lefzen hoch.

«Was ist?», frage ich. «Warum grinst du?»

«Fällt dir was auf, Walter?»

Ahnungslos ziehe ich die Schultern hoch. «Nein, was denn?»

«Wenn du mich fragst: Du hast ihn. Definitiv.»

«Was soll ich haben?»

«Na, den *will to please*.»

Ich muss lachen. «Nein. Ganz bestimmt nicht.»

«Doch. Ich würde dafür meine Otterrute ins Feuer legen. Diskussionen wie diese sind typisch für dich: Du behauptest etwas, aber sobald dein Gegenüber eine andere Meinung vertritt, ruderst du zurück, um dich nicht unbeliebt zu machen. Das nennt man: *will to please*.»

«Moment mal, haben wir nicht gerade über dich geredet?»

«Siehst du, du stehst nicht gern im Mittelpunkt, weil du dich dadurch unbeliebt machen könntest.»

«Das ist doch Blödsinn», wehre ich mich. «Wenn man in einer Diskussion seine eigene Meinung in Frage stellt, dann ist das ein Ausdruck von Souveränität und eben nicht von Selbstverleugnung.»

«Als Sabine dich vor ein paar Tagen gefragt hat, was du von ihrer neuen Frisur hältst, da hast du zuerst gesagt, sie gefällt dir überhaupt nicht ...»

«Das ist kein gutes Beispiel», unterbreche ich, aber Miss Happy lässt sich nicht beirren: «Sabines Reaktion war irgendwas zwischen Empörung und Verachtung. Prompt bist du zurückgerudert und hast behauptet, dass du die neue Frisur zwar etwas gewöhnungsbedürftig findest, aber in jedem Fall auch vorteilhaft und modisch ansprechend.»

«Wie gesagt, kein gutes Beispiel», versuche ich erneut zu intervenieren, blitze aber auch diesmal ab.

«Sabine wollte dir diesen plötzlichen Sinneswandel nicht glauben, weshalb sie mehrmals argwöhnisch nachgehakt hat. Kurzum, du bist von ihr in die Enge getrieben worden. Am Ende hast du gelogen, was das Zeug hält, und behauptet, ihre neue Frisur würde sie nicht nur zehn Jahre jünger machen, sondern auch viel besser zu ihrem Typ passen.»

«Ja, und das nennt man taktisches Verhalten in einer guten Ehe», rechtfertige ich mich.

«Oder *will to please*», kontert Miss Happy.

«Jetzt hör mal auf mit deinem blöden *will to please*», schimpfe ich. «Zwischen Konfrontations- und Kuschelkurs gibt es ja wohl noch einen Mittelweg, oder?»

«Siehste!», ruft Miss Happy triumphierend: «Erst behauptest du das Gegenteil, dann lenkst du ein. Das nennt man *will to please*.»

«Das nennt man Kompromiss», blaffe ich.

«Nein, das nennt man anders. Und du weißt, wie man es nennt. Es fängt mit *will* an und hört mit *please* auf.»

Ich merke, dass mir gleich der Kragen platzt, außerdem ist mir die Diskussion sowieso zu blöd, deshalb erwidere ich: «Egal. Das Thema ist hiermit beendet. Ich möchte jetzt in Ruhe meinen Kaffee trinken.»

Tatsächlich schweigt Miss Happy augenblicklich. Nachdenklich betrachtet sie durch das bodentiefe Fenster den farbenfrohen Garten. Nach einer Weile sagt sie: «Nur, damit du das weißt, ich wollte dir nicht zu nahe treten.»

Ich winke generös ab. «Kein Problem. Schon vergessen.» Das stimmt zwar nicht ganz, aber fast. Mein Ärger ist bereits dabei, sich zu verabschieden.

Miss Happy macht eine Kunstpause, bevor sie fortfährt. «Außerdem ist es nicht nur völlig verständlich, sondern auch ganz natürlich, dass die rangniedrigen Männchen versuchen, den Ranghöheren im Rudel zu gefallen. Das ist praktisch ein Naturgesetz. Du musst dich dafür also nicht schämen, Walter.»

Mein Ärger macht sofort kehrt und kommt schleunigst zurück. «Was soll das jetzt wieder heißen? Im Verhältnis zu Sabine bin ich das rangniedrige Männchen?»

Miss Happy zögert einen Moment, bevor sie antwortet: «Nicht nur im Verhältnis zu Sabine, würde ich sagen.»

Ich lache höhnisch auf. «Ernsthaft? Du glaubst, meine neunjährige Tochter steht in der Rangreihenfolge ebenfalls über mir? Das ist absurd.»

«Ehrlich gesagt, nicht nur deine Tochter», erwidert

Miss Happy. «Ich denke, du solltest dich insgesamt damit anfreunden, in einem reinen Matriarchat zu leben.»

Ich kann nicht glauben, was mein Hund da sagt. «Du willst mich provozieren. Nur deshalb behauptest du, dass ich in meiner Familie den letzten Platz in der Rangreihenfolge belege.»

«Nein. Keineswegs», erwidert Miss Happy. «Was ich gesagt habe, ist mein voller Ernst. Aber auch dafür musst du dich nicht schämen, Walter. Bei uns Hunden werden nicht die Stärksten Rudelführer, sondern die Cleversten.»

Ich muss tief durchatmen. «Ich bin also nicht so clever wie beispielsweise mein Hund? Ist es das, was du mir sagen willst?»

«Na ja, wenn du cleverer wärst, dann hättest du das bereits begriffen», erwidert Miss Happy ungerührt. «Aber lassen wir doch einfach die Fakten sprechen: Ich tue praktisch nichts für dich. Wie wir eben festgestellt haben, mache ich nicht einmal den Versuch, dir zu gefallen. Du hingegen lässt mich hier wohnen und kümmerst dich täglich um meine Mahlzeiten. Du sorgst dafür, dass ich Luft und Sonne tanken kann. Du koordinierst meine Tierarzttermine und suchst mich nach Zecken ab, wenn wir im Wald waren. Du achtest auf meine Zahngesundheit, zahlst meine Steuer und hast mich sogar haftpflichtversichert. Und wenn ich mich erleichtern muss, dann stehst du mit einer Plastiktüte hinter mir, um alles einzusammeln. Ich würde deine Frage deshalb gern etwas anders formulieren: Was bringt dich auf die völlig abwegige Idee, dass du cleverer sein könntest als ich?»

Wenn man es so sieht, dann ist das eine gute Frage. Eine verdammt gute Frage sogar. Ich schließe die Augen und lasse nachwirken, was Miss Happy gerade gesagt hat. Nie zuvor ist mir in den Sinn gekommen, mich und mein Leben so zu betrachten. Was, wenn es die Wahrheit wäre? Was, wenn ich schon lange falsche Vorstellungen davon hätte, wer ich bin und wo ich stehe? Die Wahrheit könnte sein, dass ich weder das Zeug zum Alphatier habe noch die Lust, eines zu werden.

«Alles okay mit dir, Walter?», höre ich Miss Happy besorgt fragen.

«Alles bestens», antworte ich. «Ich dachte nur gerade, dass ihr ganz schön Glück mit mir habt. So einen freundlichen Leibeigenen wie mich muss man auch erst mal finden.»

«Allerdings.» Miss Happy nickt anerkennend. «Ich zumindest weiß das sehr zu schätzen. Solltest du übrigens mal vorübergehend innerhalb der Hierarchie tauschen wollen, weil dir der letzte Platz zu öde ist, dann stelle ich meine Position sehr gern zur Verfügung. Vielleicht willst du mal probeweise eine größere Verantwortung übernehmen, oder so. Wir könnten auch einen Walter-Tag einführen, wo du ganz allein bestimmst, was wir machen.»

«Danke», sage ich. «Nicht nötig. Mein Platz gefällt mir ganz gut.»

Es ist die Wahrheit, denn ich weiß ja jetzt, woran es liegt, wenn keiner auf mich hört. Ich hab nicht das Zeug zum Leitwolf, sondern den *will to please*.

Das ist wohl meine Natur. Auch gut.

ARBEIT

ch habe beschlossen, mir einen Job zu suchen», verkündet Miss Happy.

«Das ist toll», lobe ich. «Was schwebt dir vor? Futtertester?»

«Mach dich nur lustig, Walter. Ich kann verstehen, dass du neidisch bist. So würde es mir auch gehen, wenn ich einen so anstrengenden und undankbaren Job wie du hätte und es nicht die geringste Chance gäbe, das zu ändern. Aber ich kann nichts dafür, dass mir alle Türen offenstehen.»

«Ach ja? Welche denn?», frage ich.

«Na ja, prinzipiell können so aufgeweckte Hunde wie ich jeden Job machen, der für Hunde in Frage kommt.»

«Schon klar. Und was schwebt dir vor?», hake ich nach.

«Noch bin ich unentschlossen», ziert sich Miss Happy. «Aber ich könnte zum Beispiel Wachhund werden.»

«Wachhund», wiederhole ich ungläubig.

«Ja. Wachhund. Natürlich kein gewöhnlicher Wachhund. Ich würde Dinge bewachen, die den Fähigkeiten eines anspruchsvollen Wachhundes angemessen sind. Forschungslabors oder Militäranlagen beispielsweise. Vielleicht auch private Luxusanwesen, wer weiß? Da würde ich dann nachts einsam meine Runden drehen, hellwach und bis in die Haarspitzen konzentriert. Ich würde jedes Geräusch, jeden Geruch und jede noch so winzige Bewegung sofort registrieren, und bei Gefahr würde ich in Bruchteilen von Sekunden reagieren. Ich wäre die perfekte Kampfmaschine.»

«Verstehe. Und dass du Angst im Dunkeln hast, ist kein Hinderungsgrund, oder?», wende ich ein. «Angst vor Einbrechern hast du übrigens auch. Erinnerst du dich, dass du mich vor ein paar Wochen geweckt hast, weil du dachtest, es wären Diebe bei uns im Haus?»

«Klar erinnere ich mich. Da siehst du mal, was für ein perfekter Wachhund ich bin», sagt Miss Happy und nickt bestätigend.

«Du hast am ganzen Körper geschlottert. Und du wolltest auf gar keinen Fall zurück in die Küche, bevor nicht ich mich davon überzeugt hatte, dass die Luft rein ist. Wachhunde fangen Einbrecher, statt sich vor ihnen zu verstecken. Außerdem hat sich herausgestellt, dass du dich vor einem Zweig gefürchtet hast, der im Wind gegen das Fenster schlug. Anspruchsvolle Wachhunde, die auf Militäranlagen patrouillieren, sollten vermutlich nicht ganz so schreckhaft sein.»

Miss Happy wiegt den Kopf hin und her, als wäre sie nun nicht mehr ganz so begeistert von ihrem Plan, Wachhund zu werden.

«Vielleicht wäre die Polizeihundestaffel was für mich», denkt sie laut. «Da müsste ich dann auch nicht immer nachts arbeiten.»

«Aber als Polizeihund lebst du noch gefährlicher», gebe ich zu bedenken.

«Ja, aber zum Glück habe ich ja dann immer einen

Polizisten bei mir», erwidert Miss Happy. «Der kann auf mich aufpassen.»

«Der soll nicht dich beschützen, sondern du sollst ihn beschützen.»

«Oh», sagt sie und überlegt erneut. «Gut, dann werde ich eben Spürhund. Das ist sowieso viel cooler als Streifendienst. Und es gefällt mir, dass dieser Job einen gewissen Glamourfaktor hat. Ich sehe die Pressefotos schon vor mir. Meine Jungs und ich posieren vor dem größten Drogenfund der Geschichte. Vielleicht sind es auch Waffen oder Bargeld, je nachdem, was interessanter ist? Was meinst du?»

«Interessanter wofür?»

«Um Karriere zu machen», erklärt sie.

«Also, wenn es dir nur darum geht, in den Abendnachrichten erwähnt zu werden, dann solltest du Rettungshund werden. Du könntest als Höhlen- oder Bergretter arbeiten oder als Trümmerhund Überlebende ausgraben. So was wird in den Nachrichten immer gern gezeigt.»

«Bergrettung», wiederholt Miss Happy erfreut. «Das klingt gut. Ich habe schon immer für die Berge geschwärmt.»

«Wie das? Du warst noch nie da», wende ich verdutzt ein.

«Stimmt. Aber ich habe alle alten Luis-Trenker-Filme gesehen.»

«Beeindruckend», spotte ich. «Du bist also als Bergrettungsspezialist auf dem Kenntnisstand von vor dem Zweiten Weltkrieg.»

«Na und? Viel wichtiger als reines Fachwissen ist

die innere Verbundenheit mit den Naturgewalten», behauptet Miss Happy. «Ich stelle mir das so vor: Wenn ich morgens bei Sonnenaufgang vor der Bergrettungsstation meine Nase in den Wind halte und Wetter und Gebirge auf mich wirken lasse, dann weiß ich mehr darüber, wie der Tag werden wird, als dir alle Vorhersagen und Messgeräte verraten können. Man braucht nämlich nicht nur eine ausgezeichnete Nase, um einen Menschen unter meterdickem Schnee aufzuspüren, man braucht auch Instinkt, und man braucht Intuition.»

Mit hocherhobenem Kopf schaut sie in den Garten. Sieht aus, als würde sich gerade ein Alpenpanorama vor ihrem geistigen Auge auftun.

«Woran denkst du?», frage ich.

«An mich und meine Jungs, wie wir vor dem Rettungshubschrauber stehen, aus dem ein müder, aber überglücklicher Überlebender winkt. Deine Idee ist jedenfalls gut. Ich wäre der geborene Rettungshund.»

«Apropos Instinkt und Intuition», merke ich an. «Ich hoffe, du weißt, dass dein Geruchssinn ein bisschen zu wünschen übriglässt – um es ganz vorsichtig auszudrücken. Ich würde nicht davon ausgehen, dass du als Rettungshund Weltkarriere machst.»

«Wieso? Dafür gibt es ja schließlich Training», erwidert sie wegwischend.

«Ja, aber wir beide haben schon mal Dummytraining ausprobiert, erinnerst du dich? Du solltest diese kleinen Säckchen finden, die mit Leckerlis gefüllt und mit Duftstoffen bestrichen werden, damit man sie erschnüffeln kann.»

«Ach ja?» Sie scheint sich nicht zu erinnern, vielleicht will sie es auch nicht.

«Ja. Wir waren nur ein einziges Mal dort, zur Probe.»

«Aha. Und? Wie war ich?»

«Am Ende hast du das Säckchen zwar gefunden, aber da war die Trainerin bereits nach Hause gegangen. Wir sind über eine Stunde länger auf dem Hundetrainingsplatz geblieben, weil du diesen Dummy unbedingt ohne fremde Hilfe finden wolltest.»

«Siehst du! Und genau diese Beharrlichkeit braucht man, um ein legendärer Lawinenhund zu werden. Wenn andere Rettungshunde schlappmachen, dann bin ich noch lange nicht am Ende. Vielleicht wird man sich einst erzählen, wie ich ohne Pause Tage und Nächte lang durchgeschuftet habe, um Menschen zu retten, an deren Überleben nicht einmal mehr langjährige und hartgesottene Helfer geglaubt haben.»

«Ich bin sehr sicher, dass du hartnäckig sein kannst», sage ich. «Aber ich bezweifle, dass du sensorisch für den Job geeignet bist. An dem Dummy damals bist du andauernd vorbeigelaufen, und am Schluss hast du ihn nur gefunden, weil du zufällig darüber gestolpert bist.»

«Das ist eine miese Unterstellung.»

«Das ist die Wahrheit. Und du musst dir gut überlegen, ob du deine Karriere als Rettungshund auf einem Bluff aufbauen willst. Immerhin geht es da um Menschenleben.»

Miss Happy wirkt zunächst nachdenklich, dann verärgert. «Ich habe den Eindruck, dass du mich überhaupt für unfähig hältst, einer ernsthaften Tätigkeit nachzugehen. Was ist dein Vorschlag? Soll ich Schoßhündchen werden?»

«Weißt du, wie viel du wiegst, wenn du ausgewachsen bist?»

«Pass auf, was du sagst!»

«So meinte ich das nicht. Schoßhündchen sind, wie schon der Name vermuten lässt, nicht größer und schwerer als eine Katze. Meistens passen sie in die Handtasche. Kannst du das auch von dir behaupten?»

«Nein.» Miss Happy kräuselt unwirsch die Nase. «Aber heißt das, ich tauge zu gar nichts, oder was?»

«Doch, aber ursprünglich ist deine Rasse gezüchtet worden, um Wild zu apportieren ...»

«Du kennst meine kritische Haltung zur Jagd», unterbricht Miss Happy.

«Ja, ich will dir ja auch nur erklären, dass du ein Apportierhund bist. Nicht alle Hunde sind dafür gemacht, Wachhunde oder Rettungshunde zu werden. Das ist wie bei uns Menschen. Manche werden reich, manche werden berühmt. Die meisten aber machen einen ganz normalen Job. So wie ich.»

Miss Happy sieht mich an. «Heißt das, ich soll mit meinem Job als ganz normaler Familienhund zufrieden sein?»

Ich zucke mit den Schultern. «Bist du denn zufrieden?»

«Ja. Sogar sehr.»

«Aber dann ist doch alles bestens.»

«Stimmt», sagt Miss Happy und scheint ganz erstaunt von dieser Erkenntnis.

«Okay», sage ich aufmunternd. «Was hältst du davon,

wenn wir noch schnell ein paar Bälle werfen, bevor ich zur Arbeit fahre, damit du das Apportieren nicht verlernst?»

«Später», sagt Miss Happy und tippelt zu ihrem Körbchen. «Jetzt muss ich mich erst mal hinlegen. Diese Jobsuche hat mich völlig fertiggemacht.»

KRIMINELL AUSSEHEN

Was soll das werden?», fragt Miss Happy, als sie sieht, dass ich aus dem Paket, das der Postbote gerade gebracht hat, einen Maulkorb hervorkrame.

«Der ist für dich», antworte ich.

«Kein Wunder, dass die meisten Hunde Postboten hassen.»

«Der Postbote hat damit nichts zu tun», sage ich.

«Ich erst recht nicht», erwidert sie.

«Ich weiß, ich habe das bestellt.»

«Du willst mir einen Maulkorb verpassen?», fragt sie ungläubig.

«Ich nicht. Aber es gibt ein neues Hundegesetz, und das besagt, in Bussen und Bahnen müssen alle Hunde ab sofort einen Maulkorb tragen. Im Zweifelsfall wird man sonst nicht mitgenommen.»

«Dann fahren wir eben nicht mehr Bus und Bahn», entscheidet Miss Happy kurz entschlossen.

«So einfach ist das nicht. Du brauchst das Ding nicht nur im öffentlichen Nahverkehr, sondern auch in Fernzügen. Und in manchen öffentlichen Gebäuden wird es ebenfalls verlangt.»

«Dann gehen wir eben auch nicht mehr in öffentliche Gebäude. Und Reisen machen wir ab sofort nur noch mit dem Auto.»

«Das wird schwierig», sage ich. «Außerdem steht dieser Aufwand überhaupt nicht im Verhältnis dazu, hin und wieder ein solches Ding zu tragen.»

«Finde ich schon», entgegnet Miss Happy.

«Hey. Ich bin auf deiner Seite», sage ich. «Wenn es nach mir ginge, dann könntest du immer und überall ohne Maulkorb herumlaufen. Aber es gibt Gesetze, und über die kann man sich nicht einfach so hinwegsetzen.»

«Wusstest du, dass George Bernard Shaw mal gesagt hat, es wäre vermutlich besser um die Welt bestellt, wenn die Menschen Maulkörbe und die Hunde Gesetze bekommen würden?»

«Nein, aber ich bin schwer beeindruckt, dass mein Hund George Bernard Shaw zitiert», sage ich.

«Danke», erwidert Miss Happy geschmeichelt.

«Das ändert aber dennoch nichts am neuen Hundegesetz und der Tatsache, dass jetzt an vielen Orten die allgemeine Maulkorbpflicht gilt.»

«Das Gesetz ist diskriminierend», verkündet Miss Happy.

«Du fühlst dich durch einen Maulkorb diskriminiert? Wie das?»

«Das Ding kommt einer gesellschaftlichen Vorverurteilung gleich. Oder spräche für dich auch nichts dagegen, ab und zu in der Öffentlichkeit Gefängnisklamotten zu tragen?»

«Der Vergleich hinkt», sage ich. «Und das weißt du auch.»

«Wieso? Man würde dich für einen potenziell gefährlichen Kriminellen halten. Mir geht es mit dem Maulkorb nicht anders.»

«Ein Maulkorb lässt dich nicht kriminell erscheinen», widerspreche ich.

«Aber gefährlich», erwidert Miss Happy prompt.

Ich wiege den Kopf hin und her. «Okay. Da mag was dran sein. Aber wenn ab sofort ausnahmslos alle Hunde einen Maulkorb tragen, dann wird sich dieser Eindruck sehr schnell relativieren.»

«Trägt denn wirklich jeder Hund ab heute Maulkorb?», fragt Miss Happy. «Ich meine, gesetzt den Fall, ich lasse mir jetzt dieses Ding aufsetzen, um mit dir eine Bahnfahrt zu unternehmen. Würden wir dann tatsächlich Chihuahuas sehen, die Fingerhüte auf der Schnauze haben, damit sie niemanden zwicken?»

«Ja, eigentlich schon», sage ich.

«Eigentlich?», wiederholt Miss Happy argwöhnisch.

«Na ja, es gibt da einen gewissen Ermessensspielraum. Bei ganz kleinen Hunden, die womöglich obendrein von Rentnern geführt werden, dürfen die Verantwortlichen ein Auge zudrücken. So stand es zumindest in der Zeitung.»

«Für mich würde man also nicht Fünfe gerade sein lassen, richtig?»

«Nein. Weil du nicht zu den kleinen Hunden zählst.»

«Toll. Chihuahuas und Zwergpudel haben also Glück gehabt, während ich schräg angeschaut werde, weil die Leute mich für einen blutrünstigen Pitbull-Mix halten, den man nur mit einem fiesen Gestell im Gesicht unter die Menschen lassen darf. Wenn das nicht diskriminierend ist, dann weiß ich es auch nicht.»

«Man wird dich nicht schräg ansehen», verspreche ich.

«Klar wird man das», widerspricht Happy. «Ein solch martialisches Accessoire wie ein Maulkorb wird doch zwangsläufig als Ausdruck einer gewissen Persönlichkeit angesehen.»

«Das ist völliger Quatsch», wiegele ich ab. «Polizeihunde tragen ab und zu auch Maulkörbe. Deshalb hält man sie nicht gleich für gemeingefährlich.»

«Wenn du das wirklich glaubst, dann lass dir Totenkopf-Tattoos auf die Unterarme stechen und frag dann deine Frau, was sie davon hält.»

«Der Vergleich hinkt schon wieder», sage ich. «Aber egal, Sabine würde sagen, dass Tattoos nicht zu mir passen. Und sie hätte völlig recht.»

«Ganz genau», erwidert Miss Happy. «Tattoos passen nicht zu dir. Weil du nämlich ein unsportlicher Mann im gehobenen Alter bist, der insgesamt einen eher unscheinbaren Eindruck macht.»

«Danke sehr für deine Einschätzung», werfe ich ein.

«Gern geschehen», erwidert Miss Happy. «Und wenn sich ein solch unsportlicher und unscheinbarer Mann im gehobenen Alter urplötzlich ein Tattoo stechen lässt, dann denkt alle Welt automatisch, dass er beweisen will, was für ein harter Kerl ist.»

«Und deshalb kannst du keinen Maulkorb tragen?»

«Walter, versteh doch. Diese Dinger sind was für Halbstarke. Für Rottweiler, Dobermänner oder Mastiffs. Ich bin eine junge und hübsche Labradorhündin mit perfekten Zähnen und einem glänzenden Fell. Meine Schnauzenform ist ein Klassiker. Und ich habe einen so beneidenswert schmalen Kopf, wie ihn nur ganz wenige Labradore der Arbeitslinie in die Wiege gelegt bekommen. Über einen so schönen Kopf darf man doch nicht so ein hässliches Ding stülpen!»

«Moment. Geht es dir nun darum, nicht diskriminiert zu werden, oder hast du Probleme mit dem modischen Effekt eines Maulkorbes?»

«Das kann man unmöglich voneinander trennen», erwidert sie. «Ich würde mich genauso diskriminiert fühlen, wenn ich gezwungen wäre, eine Zahnspange zu tragen. Oder eine Brille. Oder einen Tirolerhut.»

Ich halte ihr den Maulkorb hin. «Wie wäre es, wenn du ihn wenigstens mal anprobieren würdest? Er ist aus besonders weichem Leder, und ich dachte, dieser helle Grauton könnte dir gefallen. Das ist auch ein Modell, dass nicht genietet wird, sondern geflochten. Sozusagen das Stilvollste, was man aktuell auf dem Markt kriegen kann.»

Miss Happy wirkt einerseits skeptisch, andererseits ist sie neugierig.

«Vielleicht steht er dir sogar ausnehmend gut», sage ich lockend.

Miss Happy hockt sich vor mich hin, hebt den Kopf und sagt: «Wir probieren ihn kurz aus, aber wenn ich ihn nicht mag …»

«Dann kommt er sofort weg», ergänze ich prompt. «Versprochen.»

Mit einem kurzen Nicken signalisiert sie ihre Zustimmung. Vorsichtig setze ich ihr den Maulkorb auf die Schnauze und stelle mit spitzen Fingern die Größe richtig ein. Dann schaue ich mir das Ergebnis an.

«Also ich finde, er steht dir gar nicht schlecht. Im Gegenteil.»

Sie antwortet nicht. Stattdessen hockt sie nur da und sieht traurig aus.

«Alles okay?», frage ich.

«Was treibst du da, Walter?» Die Stimme meiner Frau lässt mich zusammenzucken.

«Nichts», antworte ich reflexhaft. «Ich wollte nur …»

«Was hat denn unser Hund da im Gesicht?»

Ich sehe, dass sich unter den Lederstreben des Maulkorbs Miss Happys Lefzen zu einem Grinsen heben.

«Es gibt doch dieses neue Hundegesetz …», beginne ich zu erklären.

«Ist das ein Maulkorb?», fragt sie spitz.

«Genau. Das ist nämlich jetzt Pflicht für alle Hunde …»

«Unser Hund braucht keinen Maulkorb.» Im Vorbeigehen zieht sie Happy das Utensil vom Kopf. Sie drückt mir zuerst den Maulkorb in die Hand und dann einen Kuss auf die Wange. «Krieg ich auch einen Kaffee?»

Ohne meine Antwort abzuwarten, verschwindet sie Richtung Badezimmer.

Ich stopfe den Maulkorb zurück in das Päckchen, in dem er eben gekommen ist, und sage: «Okay, dann schicke ich ihn eben wieder zurück.»

«Was ist mit dem Gesetz?», fragt Miss Happy leise.

«Meine Frau steht über dem Gesetz», sage ich.

Miss Happy nickt. «Du bist ein weiser Mann, Walter.»

SUPERNANNYS

Wir müssen über Emilys Babysitter reden», verkündet Miss Happy. «Das kann so nicht weitergehen.»

«Über welchen?», frage ich. «Ich glaube, im Moment stehen drei Namen auf der Liste am Kühlschrank.»

«Über alle drei», antwortet sie wegwischend. «Entweder du schmeißt sie raus und wir holen uns professionelles Personal, oder das vorhandene muss sich ändern, und zwar schnell und grundlegend.»

«Okay, jetzt mal langsam mit den jungen Pferden», sage ich. «Du hast ja einen Ton am Leib wie Gordon Gekko.»

«Ach, das ist ja 'n Ding. Du kennst *Wall Street*?»

«Klar. Michael Douglas in einer Paraderolle.»

«Cool. Ich hab den Film schon fünfmal gesehen, zuletzt vorgestern.»

«Das erklärt einiges», sage ich. «Aber noch lange nicht, warum du von jetzt auf gleich alle unsere Babysitter feuern willst. Ist es wegen Emily? Haben die drei sich irgendwas zuschulden kommen lassen?»

«Nein. Mit Emily klappt alles prima.»

«Dann ist ja gut», sage ich beruhigt. «Und was stimmt sonst nicht?»

«Alle drei beschäftigen sich nicht mal ansatzweise mit mir», sagt sie mit klagender Stimme.

«Ach, daher weht der Wind. Und ich dachte schon, es wäre was Schlimmes.»

«Das ist definitiv schlimm, wenn ich mich zu Tode langweile», erwidert sie empört. «Du musst dir das mal vorstellen: Keiner spielt mit mir, keiner krault mich. Man nimmt nicht mal Notiz von mir. Ich werde behandelt, als wäre ich Luft.»

«Tja, ich fürchte, da musst du durch. Aber so oft sind wir ja abends nicht weg», sage ich. «Kannst du dich nicht einfach dazulegen, wenn Emily im Bett ist und der Babysitter die Glotze einschaltet? Oder haben die drei einen so schlechten Filmgeschmack, dass man dir den nicht zumuten kann?»

«Viel schlimmer», sagt Miss Happy. «Unsere Babysitter stammen aus der Generation Z. Die schauen überhaupt kein Fernsehen mehr.»

Ich bin erstaunt. Als ich Kind war, da schaltete der Babysitter den Fernseher ein, sobald er das Licht im Kinderzimmer ausgeschaltet hatte – sofern der Fernseher nicht ohnehin schon vorher lief. Wenn man im Bett lag und mit den gruseligen Geräuschen des Krimis aus dem Nebenzimmer nicht klarkam, dann musste man eben schnell einschlafen. Was ich dann auch tat.

«Wenn sie nicht fernsehen, was machen sie dann? Etwa lernen?»

«Nur Leah arbeitet für die Uni, wenn sie hier ist. Die ist so der Typ Musterschülerin. Diszipliniert, humorlos, konsequent und penibel. Wenn Emily um acht im Bett sein muss, dann kannst du die Uhr danach stellen, dass Leah um 19 Uhr 59 das Licht ausschaltet.»

«Aber das ist doch toll», sage ich und denke daran,

dass Emily bei mir immer noch mindestens eine Viertelstunde rausschlägt. Ich finde es beruhigend, wenn wenigstens der Babysitter konsequent ist.

«Mag ja sein, dass du das toll findest, ich nenne es freudlos», sagt Miss Happy. «Ich könnte Leah alle meine Spielzeuge vor die Füße legen, und sie würde nicht einmal von ihren Büchern hochsehen. Stattdessen soll ich exakt alle zwei Stunden in den Garten laufen, damit ich mich erleichtere – ob ich nun muss oder nicht.»

«Sei doch froh, dann kannst du dir wenigstens ein bisschen die Beine vertreten», sage ich.

«Kann ich nicht, weil mein Aufenthalt im Garten nur ganz genau drei Minuten dauern darf. Wenn ich dann nicht wieder da bin, geht die Außenbeleuchtung an, und ich werde von Leah wieder ins Haus geholt.»

Ich muss grinsen. «Diese Leah scheint eine sehr starke Persönlichkeit zu sein.»

«Ja, ich bin absolut sicher, eines Tages wird sie eine sehr gute Gefängnisaufseherin werden.»

«Was ist mit Vanessa?»

«Die Tussi? Wusstest du, dass sie Social Influencerin ist? Mehr als fünftausend Mädels schauen sich im Netz Vanessas bescheuerte Schminktipps an.»

«Ist doch interessant. Dann hätte sie ja Emily beraten können, als die in ihrer beängstigenden Rosa-Lipgloss-Phase war.»

«Emily ist überhaupt erst durch Vanessa in die Rosa-Lipgloss-Phase geraten», erklärt Miss Happy. «Während Leah mit deiner Tochter vor dem Zubettgehen pädagogisch wertvolle Bücher liest, diskutieren Emily und Vanessa über den Schminkstyle von Selena Gomez.»

«Von wem?»

«Das ist die Ex von Justin Bieber.»

«Aha. Und Vanessa spielt auch nicht mit dir?»

«Nein. Wenn Emily im Bett ist, muss Vanessa noch stundenlang influencen. Sie sitzt dann über ihr Handy gebeugt auf dem Sofa und setzt am laufenden Band Posts ab. Dabei hängen ihre langen Haare nach vorn wie ein Vorhang, der sie vor unliebsamen Blicken schützen soll. Ich bin sicher, sie kriegt noch weniger mit als Leah.»

«Und Celine?», frage ich.

«Telefoniert stundenlang», antwortet Miss Happy. «Und oft bezieht sie sich im Laufe des Abends auf Telefonate, die sie zuvor geführt hat. Sie erzählt dann Freundinnen haarklein genau den belanglosen Kram, den sie anderen Freundinnen zuvor schon haarklein erzählt hat. Das ist eine Endlosschleife, die dich sowohl die Nerven als auch den Verstand kostet, wenn du eine kritische Zuhörzeit überschreitest. Ich flüchte dann immer ins Schlafzimmer, um mir den Schwachsinn nicht länger anhören zu müssen.»

«Okay», sage ich. «Dein Problem ist klar. Was soll ich deiner Meinung nach jetzt tun? Feuern werde ich die drei garantiert nicht, weil sie gut mit Emily umgehen und somit den Job, für den sie bezahlt werden, offenbar erledigen.»

«Die kriegen da Geld für?», fragt Miss Happy erstaunt.

«Allerdings. Und obwohl wir ordentlich zahlen, ist es nicht ganz einfach, gute Babysitter zu finden. Schon deshalb werde ich jetzt nicht überreagieren. Aber vielleicht finden wir einen Kompromiss. Was erwartest du denn für ein Unterhaltungsprogramm?»

«Keine Ahnung. Bisschen Ballspielen, vielleicht?»

«Im Dunkeln?»

«Oder im Haus?»

«Das ist zu laut», sage ich. «Emily schläft.»

«Okay. Könnte man wenigstens ein paar Suchspiele mit mir machen?»

«Das wäre eine Möglichkeit. Allerdings würde ich an deiner Stelle nicht zu viel erwarten. Unsere Babysitter wollen offensichtlich lernen, influencen oder mit Freundinnen telefonieren. Sie werden Suchspiele als lästige Pflicht empfinden und die Sache entsprechend lustlos angehen.»

Miss Happy blickt missmutig drein. «Stimmt.»

«Ich könnte sie bitten, dir den Fernseher einzuschalten», schlage ich vor. «Ich behaupte einfach, dass es dich beruhigt, wenn die Glotze läuft. So hättest du zumindest Unterhaltung.»

Miss Happy nickt nachdenklich. «Ja. Vielleicht.»

«Worüber denkst du nach?»

«Ach, ich habe mich nur gefragt, ob ich nicht vielleicht allein auf Emily aufpassen könnte.»

«Keine schlechte Idee», sage ich.

«Wirklich?», fragt Miss Happy, ebenso erstaunt wie erfreut.

«Ja. Kann man drüber nachdenken. Vielleicht sollte Emily noch ein Jahr älter sein», überlege ich laut. «Aber weißt du was? Das soll sie selbst entscheiden. Ich frage sie einfach, ob sie es sich schon zutraut, mal zwei Stunden mit dir allein zu sein.»

«Ich werde Nanny?», frohlockt Miss Happy.

«Wir werden nichts überstürzen», bremse ich. «Leah,

Vanessa oder Celine würden noch hin und wieder vorbeikommen, bis sich die Sache mit dir und Emily richtig gut eingespielt hat.»

«Ja, okay. Cool. Was zahlst du denen eigentlich?»

«Immerhin zehn Mäuse pro Stunde plus Fahrtkosten», antworte ich und denke: Auch schön, wenn ich mir das perspektivisch sparen kann.

«Krieg ich auch zehn Mäuse pro Stunde plus Fahrtkosten?»

«Wieso Fahrtkosten? Du wohnst hier.»

«Die anderen Nannys bekommen aber auch die Fahrtkostenpauschale.»

«Du nicht», sage ich. «Außerdem kriegst du hier freie Kost und Logis. Ich finde, du kannst dich dafür mit dem Job als Babysitter erkenntlich zeigen.»

«Wie? Ich bekomme gar nichts?»

«Doch. Kost und Logis, wie schon gesagt. Und sobald Emily im Bett ist, darfst du Alexa bitten, dir einen Film zu zeigen.»

«Okay. Kann ich mich wenigstens wie die anderen Babysitter auch nach Belieben mit Chips und Süßigkeiten versorgen?»

«Hör mal, wir können auch alles so lassen, wie es ist», sage ich.

«Nein. Ich bin einverstanden», versichert Miss Happy schnell.

«Fein», sage ich. «Dann bist du jetzt offiziell ein Hütehund.»

«Wow.» Sie freut sich. «Wie cool ist das denn?»

FAKE NEWS

Miss Happy liegt zusammengerollt in ihrem Körbchen und scheint noch zu schlafen, als ich in die Küche komme. Also verhalte ich mich ruhig. Dennoch bemerkt sie mich und hebt den Kopf.

«Du kannst ruhig laut sein», sagt sie mit klagender Stimme. «Ich bin wach. Ich habe die ganze Nacht kein Auge zugetan.»

«Was ist los? Bist du krank?», frage ich besorgt.

Müde schüttelt sie den Kopf. «Ich habe gestern eine Doku gesehen, die mir den Schlaf geraubt hat. Es war gruselig, im wahrsten Sinne des Wortes. Der reinste Horror.»

«Das klingt ja dramatisch», sage ich. «Worum ging es denn in dieser schaurigen Doku?»

«Um drei Filmstudenten, die eine Dokumentation über eine Hexe drehen wollten, irgendwo in den Wäldern von Maryland. Alle drei sind spurlos verschwunden. Ein Jahr später hat man ihr Filmmaterial gefunden. Und weil sie ihre Kameras quasi immer haben mitlaufen lassen, ist darauf festgehalten, wie sie dem blanken Grauen begegnet sind. Wenn du mich fragst, dann haben sie den Zorn der Hexe von Blair auf sich gezogen und mussten dafür mit dem Leben bezahlen.» Miss Happy schüttelt sich bei dem Gedanken an die schauerlichen Aufnahmen.

«Diese Doku hieß nicht zufällig *The Blair Witch Project*, oder?», frage ich.

«Doch.» Miss Happy hebt erstaunt den Kopf. «Kennst du die etwa?»

«Ich hab mal reingeschaut, aber Horrorfilme sind nicht so mein Ding.»

«Das war ja eben kein Film, sondern eine Doku», sagt Miss Happy. «Genau deshalb haben sich mir ja die Nackenhaare hochgestellt. Das ist keine erfundene Geschichte, Walter. Das ist alles wirklich so passiert.»

Ich schüttele den Kopf. «Das sollst du glauben. In Wirklichkeit hat es diese drei Filmstudenten nie gegeben. Das sind Schauspieler, die nach einem cleveren Konzept von zwei Nachwuchsfilmern gearbeitet haben. Der Film ist auch deshalb ein riesiger Erfolg geworden, weil er so echt aussieht, dass man denken könnte, diese Sache wäre wirklich passiert.»

Miss Happy sieht mich völlig verdattert an, ihr Unterkiefer sackt herab, und die Zunge fällt aus dem Maul. «Nicht dein Ernst.»

«Doch. Das ist mein voller Ernst», sage ich. «Wenn du mir nicht glaubst, dann googele diese drei Studenten. Du wirst sehen, dass sie bei bester Gesundheit sind und nicht in den Wäldern von Maryland ihre Leben ausgehaucht haben.»

Miss Happy schüttelt fassungslos den Kopf. «Wenn das alles nur erfunden ist, dann hätte ich mir doch nicht die Nacht um die Ohren hauen müssen. Kannst du dir vorstellen, dass ich drauf und dran war, nie wieder allein einen Fuß in einen Wald zu setzen?»

«Das hätte Sabine gefallen», sage ich. «Die regt sich ja

immer auf, wenn du ihr beim Joggen abhaust, um allein die Umgebung zu erkunden.»

«Und es stimmt rein gar nichts an dem Film?», hakt Miss Happy interessiert nach. «Es gibt keine ermordeten Kinder? Keinen Fluch? Keine Hexe von Blair?»

«Nein. Das ist alles Erfindung», sage ich. «Ebenso wie die Interviews mit Betroffenen und Angehörigen. Auch das sind Schauspieler.»

Miss Happy überlegt eine Weile, dann fragt sie: «Kannst du mir erklären, woran man erkennt, ob eine Doku echt ist oder nicht? Ich finde das gemein, so reingelegt zu werden. Außerdem verzichte ich nicht gern grundlos auf meine Nachtruhe.»

«Ich würde dir gern helfen, aber leider ist das nicht so einfach. Wenn ich nicht zufällig irgendwann mal einen Artikel über die Entstehungsgeschichte dieses Films gelesen hätte, dann wäre ich vermutlich genauso darauf reingefallen wie du.»

Miss Happy wirkt entsetzt. «Du auch? Aber wie soll ich zwischen Wahrheit und Lüge unterscheiden, wenn selbst du Schwierigkeiten damit hast?»

«Gute Frage», sage ich. «Es gibt kluge Leute, die behaupten, dass die Menschen schon länger nicht mehr zwischen richtigen und falschen Informationen unterscheiden können. Viele Fernsehserien tun so, als wären sie echt, sind aber komplett erfunden. Die Zuschauer glauben trotzdem, dass es die gezeigten Menschen und Geschichten wirklich gibt. Andererseits zweifeln manche Leute die Echtheit von Nachrichtenbildern an, obwohl verschiedene Quellen bestätigen, dass es sich um Originalaufnahmen handelt. Fake News werden also für bare Münze gehalten, während man authentische Nachrichten zu Fake News erklärt.»

«Fake News», wiederholt Miss Happy ratlos.

«Ja, so nennt man Falschinformationen, die gezielt verbreitet werden, um Menschen zu täuschen», erkläre ich. «So wie beim Blair Witch Project.»

«Aha. Und was kann man da machen?», fragt Miss Happy.

Ich zucke mit den Schultern. «Schwierig. Es gibt offenbar verschiedene Ansichten darüber, was wahr ist und was nicht.»

«Aber man kann zumindest versuchen, zwischen wahr und falsch zu unterscheiden, oder etwa nicht?»

«Natürlich, das schon.»

«Gut. Ich würde das nämlich gern probieren. Hilfst du mir dabei?»

«Es ist immerhin einen Versuch wert», antworte ich.

«Okay», sagt Miss Happy. «Nehmen wir zum Beispiel das Dschungelcamp. Dass ein Ort im australischen Busch existiert, wo mehr oder weniger berühmte Leute mit Essen gequält werden, das selbst Hunde ein bisschen ekelig finden würden, ist bestimmt Fake News, richtig?»

«Nein, das gibt es wirklich, allerdings lassen sich die Teilnehmer der Show freiwillig und gegen Geld quälen. Was sie da durchmachen, das haben sie sich also selbst zuzuschreiben.»

«Wow», sagt Miss Happy. «Ihr Menschen habt wirklich eine schräge Phantasie. Ich hätte geschworen, dass das Dschungelcamp ein Fake ist. Jetzt ist natürlich die Frage, ob ich auch an anderen Stellen falschliege, wo ich mir ebenfalls sicher bin.»

«Finden wir es heraus», schlage ich vor.

«Gut», sagt Miss Happy und sammelt sich. «Hat es in den USA in letzter Zeit eine Zombieapokalypse gegeben?»

Ich muss grinsen. «Es spricht zwar einiges dafür, aber ich kann dich beruhigen. Die Serie, die du meinst, ist reine Erfindung.»

«Gut.» Miss Happy wirkt erleichtert. «Dann ist es bestimmt auch Quatsch, dass ein unfähiger Kerl Präsident geworden ist, nachdem sämtliche Kongressmitglieder einem verheerenden Terroranschlag zum Opfer gefallen sind, oder?»

«Ja. Auch das ist erfunden», sage ich. «Wobei einige Leute ergänzen würden, dass der Teil mit dem unfähigen Präsidenten trotzdem stimmt.»

«Was ist mit Godzilla, King Kong, Spiderman, den Schlümpfen, Harry Potter, Cinderella und den Avengers?», fragt Miss Happy.

«Erfunden», antworte ich. «Allesamt.»

«Schade. Spiderman hätte ich gern mal kennengelernt. Was ist mit: Ich bin ein Berliner? Und: Die Rente ist sicher?»

«Ist beides so oder so ähnlich gesagt worden. Kennedy, ein berühmter amerikanischer Präsident, wollte den Berlinern zeigen, dass er sich ihnen verbunden fühlt. Und dass die Rente sicher ist, war eine Fake News in den Achtzigern – nebenbei gefragt, wo zur Hölle hast du das aufgeschnappt?»

«In einer Geschichtsdoku», erwidert Miss Happy. «Da wurde ein Film über den kleinen Mann gezeigt, der das gesagt hat. Das ist übrigens eine Serie. Ich habe da auch schon interessante Episoden mit Napoleon, Shakespeare und Julius Cäsar gesehen.»

«Mag sein, aber auch das waren Schauspieler», erkläre ich. «In Geschichtsdokus werden manchmal historische Begebenheiten nachgestellt. Das nennt sich Infotainment und ist eine Mischung aus Information und Unterhaltung.»

«Also auch Fake News?», fragt Miss Happy.

«Nicht ganz. Man versucht in diesem Fall immerhin, die Ereignisse von damals wahrheitsgetreu nachzustellen.»

«Warum nimmt man dann keine echten Filmaufnahmen?»

«Weil es keine gibt. Der Film ist erst vor etwas mehr als hundert Jahren erfunden worden. Manche Aufnahmen in den Geschichtsdokus, besonders die jüngeren, sind also vermutlich echt, andere mit Sicherheit gestellt.»

«Also Fake News, aber gut gemeinte Fake News?»

«Könnte man so sagen, ja.»

Miss Happy schüttelt den Kopf. «Das ist alles sehr kompliziert und sehr verwirrend. Was ist mit Kochshows? Wird da wirklich gekocht?»

«Ich glaube schon. In Musikshows wird oft nicht live gesungen, und in Talkshows hört man selten die Wahrheit. Aber das Kochen in Kochshows scheint mir echt zu sein. Ob das allerdings wirklich schmeckt, was da zusammengerührt wird, steht auf einem anderen Blatt.»

«Aber wie soll ein junger Hund wie ich in dieser ganzen Verwirrung lernen, was richtig und was falsch ist?», fragt Miss Happy niedergeschlagen.

«Kopf hoch», antworte ich. «Du musst es einfach immer wieder versuchen. Mal wirst du falschliegen, mal richtig. Das geht mir nicht anders.»

«Aber meistens liegt man richtig, wenn man vermutet, dass es falsch ist, richtig?», fragt Miss Happy spitzfindig.

Ich überlege, dann nicke ich. «Das ist ein guter Gedanke. Ich glaube, damit liegst du in der Tat goldrichtig, besonders wenn es um Politik, Geld, Liebe oder Fernsehen geht.»

Miss Happy zieht die Lefzen zu einem Grinsen hoch. «Kein Wunder, dass ihr Menschen die Ehrlichkeit von uns Hunden schätzt, so durch und durch verlogen, wie ihr seid.»

Ich nicke. «Das ist wohl wahr.»

ARMER HUND, REICHER HUND

Miss Happy begrüßt mich mit den Worten: «Ich bin total sauer auf dich.»

«Ich freue mich auch, dich zu sehen», erwidere ich. «Darf ich fragen, warum du total sauer auf mich bist?»

«Mir ist klargeworden, dass praktisch alle Menschen reich sind, nur du nicht.»

«Lass mich raten – du hast mal wieder eine Doku gesehen.»

«Stimmt.»

«Und nun bist du sauer, weil ich nicht reich bin? Was war denn das für eine seltsame Dokumentation?»

«Es ging um reiche Leute. Wo sie Urlaub machen, welche schönen Sachen sie sich kaufen, welche Feste sie feiern und so weiter. Offensichtlich sind diese Reichen überall. Die Menschen schwimmen in Geld, nur du nicht.»

«Kann es sein, dass du ein Boulevardmagazin gesehen hast?», frage ich.

Miss Happy ignoriert die Frage. «Es ging auch darum, was diese Leute sich alles einfallen lassen, damit es ihren Hunden gutgeht. Wusstest du, dass Hunde in Amerika mit einer Stretchlimousine abgeholt werden, wenn sie im Hundehotel einchecken?»

«Grundsätzlich alle Hunde in Amerika?», frage ich amüsiert.

«Ja, ich glaub schon. Wenn ich das richtig verstanden habe, dann sind praktisch alle Amerikaner märchenhaft reich.»

«Interessant. Jedenfalls kann ich dir garantieren, dass du auch dann nicht mit einer Stretchlimousine ins Hundehotel chauffiert würdest, wenn ich im Keller Geld drucken könnte.»

«Siehste», sagt Miss Happy. «Genau das habe ich mir gedacht. Du bist absichtlich arm. Du willst gar nicht, dass es uns so gut geht wie den anderen Superreichen.»

«Ich glaube, diese Sendung hat dir ein völlig falsches Bild vermittelt», sage ich. «Es gibt nur ganz wenige Superreiche. Die meisten Menschen auf diesem Planeten sind sehr, sehr arm. Mehr als die Hälfte der Weltbevölkerung hat so gut wie gar nichts.»

Miss Happy rümpft die Nase. «Das sah da gestern aber ganz anders aus.» Mit Nachdruck wiederholt sie: «Aber ganz anders.»

«Das war keine Dokumentation», sage ich. «Vermutlich war es ein Klatschmagazin, in dem ausschließlich Leute gezeigt wurden, die so reich sind, dass sie nicht wissen, was sie mit ihrem Geld anstellen sollen. Solche Leute kommen dann auch auf die bescheuerte Idee, den Hund mit einer Stretchlimousine durch die Gegend kutschieren zu lassen.»

«Du tust ihnen unrecht», erwidert Miss Happy. «Die Reichen haben nämlich verdammt gute Ideen. Wenn du dazugehören würdest, dann könnte ich euch beispielsweise immer in den Urlaub begleiten, weil Hunde in

Privatflugzeugen nämlich in der Kabine mitfliegen dürfen.»

«Du glaubst, dass ich ein Privatflugzeug kaufen würde, nur damit du nicht im Frachtraum reisen musst?»

«Davon gehe ich jetzt mal aus», antwortet Miss Happy, und mit leichter Empörung in der Stimme fügt sie hinzu: «Oder etwa nicht?»

Ich überlege kurz und stelle fest, dass ich als Superreicher aus Gründen der Bequemlichkeit wohl tatsächlich mit einem Privatjet unterwegs wäre. Insofern hätte ich dann natürlich nichts dagegen, meinen Hund mitzunehmen.

«Doch, vermutlich schon», antworte ich. «Allerdings würde ich garantiert nicht nur deinetwegen ein Flugzeug anschaffen.»

«Und wie wäre es mit einer Luxusyacht?», setzt Miss Happy nach. «Damit ist man ungebunden und hat quasi sein Ferienhaus immer dabei. Außerdem kann man auch mit einer Yacht die schönsten Orte auf der Welt erreichen, es dauert nur ein bisschen länger als mit dem Flugzeug.»

«Und was willst du auf einer Luxusyacht anstellen? Es gibt da keine Bäume und keinen Rasen. Man kann nicht mal ein paar Bälle werfen, weil selbst große Yachten dafür zu klein sind. Ich glaube, du würdest dich schon nach ein paar Tagen auf See zu Tode langweilen.»

«Du willst mich einfach nicht dabeihaben. Schon verstanden. Dürfte ich mir denn wenigstens aussuchen, wo ich meine Urlaube verbringe, während der Rest meiner Familie es sich auf unserer Luxusyacht gutgehen lässt?»

«Dürftest du», antworte ich generös. Ich merke, dass ich gerade Geschmack an dem Gedanken finde, zu den Superreichen dieser Welt zu gehören.

«Und werde ich dann auch immer mit einer Stretchlimousine hingebracht und abgeholt?»

«Nein», sage ich. «Tut mir leid. Emily braucht die Stretchlimo, um zum Geigenunterricht zu fahren. Und Sabine muss damit ständig in die Stadt, zum Beispiel, weil ich ihr wieder einmal Juwelen bestellt habe, die sie dringend anprobieren muss. Also geh bitte zu Fuß, oder kauf dir deine eigene Limousine.»

«Du bist ein ganz schöner Knauser, weißt du das?», sagt Miss Happy vorwurfsvoll. «Kriege ich wenigstens einen privaten Dogsitter?»

«Ist das jemand, der ein saftiges Festgehalt dafür bekommt, dass er sich ausschließlich um dich kümmert?»

«Klar. Als reicher Sack hast du doch bestimmt auch eine knackige Blondine als persönliche Assistentin.»

«Sagt wer?»

«Erzähl mir nichts, Walter. Ihr angegrauten, reichen Kerle tickt doch alle gleich, wenn es um knackige Blondinen geht.»

Ich überhöre die Provokation. «Dieser Dogsitter ist also ausschließlich dazu da, sich Tag und Nacht um dein Wohlergehen zu kümmern.»

«Nein. Nur tagsüber», korrigiert Miss Happy. «Nachts bräuchte ich dann noch eine Nightnanny, die mich in den Schlaf krault, wenn ich wach geworden bin, weil ich beispielsweise schlecht geträumt habe.»

«Soso, du brauchst also einen Dogsitter und eine Nightnanny», fasse ich zusammen. «Was ist noch nötig, um ein einigermaßen erträgliches Hundeleben zu führen? Ein Ernährungsberater vielleicht?»

«Auf jeden Fall», erwidert Miss Happy prompt. «Ernährung ist schließlich meine große Leidenschaft. Im Grunde könnte ich mich ja von morgens bis abends ununterbrochen ernähren.»

«Ich weiß», sage ich. «Was ist mit einem privaten Hundefriseur? Brauchst du den auch?»

Sie schüttelt den Kopf. «Nein, da bin ich total pflegeleicht. Ich trage ja zum Glück diese praktische und unverwüstliche Kurzhaarfrisur, und da wäre ein festangestellter Hundefriseur rausgeschmissenes Geld. Das solltest du lieber in einen fähigen Physiotherapeuten investieren, weil ich ja gelegentlich zu Verspannungen neige.»

«Seit wann neigst du denn zu Verspannungen?», frage ich verblüfft.

«Schon immer.»

«Ist mir noch gar nicht aufgefallen.»

«Ist aber so», beharrt sie. «Ich bin leider ein verspannter Hund, speziell im oberen Rücken und im Nackenbereich.»

«Oh. Das tut mir natürlich sehr leid», heuchele ich. «Und woher kommen diese schrecklichen Verspannungen? Ist das Körbchen unbequem? Liegt es sich nicht gut auf der Terrasse? Oder sind unsere Teppiche zu dünn?»

«Letzteres auf jeden Fall, aber genau weiß ich das auch nicht», antwortet Miss Happy. «Das müsste mein Physiotherapeut abklären. Ich befürchte, dass ich perspektivisch zwei Körbchen mit orthopädischen Matratzen brauche, eines für den Tag, eines für die Nacht.»

«Aha. Müssen diese Körbchen dann auch nach Feng-Shui-Prinzipien in der Wohnung platziert werden? Ich will das nur wissen, weil ich dann selbstverständlich einen Innenarchitekten engagieren würde.»

Miss Happy wiegt bedächtig den Kopf hin und her, während sie überlegt. Dann sagt sie: «Ich glaube, schaden kann es nicht. Wie wäre es, wenn mein Innenarchitekt einfach deinen Innenarchitekten anruft?»

«Okay, stopp!», rufe ich. «Pause. Ich brauche jetzt erst mal einen Espresso. Dieses Reichsein ist ja höllisch anstrengend. Hätte ich nicht gedacht.»

«Komisch. Das finde ich gar nicht. Wenn du jetzt reich wärst, dann hätte deine Haushälterin dir längst einen perfekten Espresso serviert. Und obendrein würde sie sich um ein perfektes Frühstück kümmern. Das müsstest du also auch nicht machen.»

«Ja, aber merkst du nicht, dass jede Entscheidung, die man trifft, um sich das Leben angenehmer zu machen, wieder neue Entscheidungen nach sich zieht, die wieder neue Entscheidungen nach sich ziehen? Wenn du dir ein Ferienhaus kaufst, dann musst du Leute engagieren, die sich um die Instandhaltung und den Garten kümmern. Je nach Wert des Anwesens brauchst du eine Alarmanlage oder sogar einen Wachdienst. Du musst den Papierkram mit den Behörden erledigen und dafür sorgen, dass alle Rechnungen bezahlt werden, damit du nicht plötzlich ohne Wasser oder Strom dastehst. Das ist alles anstrengend.»

«Du kannst einen Verwalter einstellen, der sich um alles kümmert», schlägt Miss Happy vor.

«Aber dem muss ich ja trotzdem erklären, was er zu

tun hat. Und was, wenn dieser Verwalter krank ist oder anderweitig verhindert? Außerdem muss ich diesem Menschen ja erst mal begegnen. Du ahnst ja gar nicht, wie schwer es heutzutage ist, gutes Personal zu finden.»

Miss Happy sieht mich unbeweglich an. «Du machst dich lustig über mich. Verstehe. In Wirklichkeit willst du aber doch nur davon ablenken, dass du arm bist wie ein Kirchenmaus.»

«Das auch», gebe ich zu. «Aber ich glaube, ich möchte tatsächlich lieber nicht zu diesen Superreichen gehören. Außerdem, wenn hier Horden von Personal herumlaufen würden, dann könnten wir uns nicht unterhalten. Und dann würden wir vielleicht nie in den Genuss von so bekloppten Gesprächen kommen wie dem, was wir gerade führen.»

«Da ist was dran», stimmt Miss Happy nachdenklich zu.

«Siehste», sage ich. «Dann doch lieber arm, oder?»

«Ja. Wobei eine Luxusyacht wäre schon schön, oder?»

Ich winke ab. «Ach, Luxusyachten sind doch nichts Besonderes. Ich habe einen sprechenden Hund. Das soll mir erst mal einer von diesen Milliardären nachmachen.»

SCHALL UND RAUCH

Als ich in die Küche komme, liegt unser Hund noch im Tiefschlaf.

«Guten Morgen, Miss Happy», sage ich in gedämpfter Lautstärke, um sie sanft aufzuwecken. Alles andere kann Wutanfälle auslösen.

Sie reagiert mit einem Geräusch, das an einen Stoßseufzer erinnert.

Ich greife nach der Kaffeedose, angele eine Espressotasse aus dem Regal und genieße das Zwitschern der Vögel. Sie kosten diesen schönen, warmen Frühlingsmorgen schon seit Stunden aus. Ganz im Gegensatz zu Miss Happy, die erst das Fauchen der Espressomaschine aus ihren Träumen zu holen vermag.

Sie rekelt sich ausgiebig, indem sie sich auf den Rücken rollt, alle viere von sich streckt und das Maul zu einem herzhaften Gähnen aufreißt.

«Hallo, Herrchen», sagt sie dann. Es klingt wie: Nanu? Du auch hier?

Ihre Verrenkungen erinnern mich daran, dass ich mal wieder Yoga machen sollte. Oder wenigstens ab und zu ein paar Dehnübungen.

«Seit wann nennst du mich denn Herrchen?»

«Ich dachte, das gefällt dir», sagt sie. «Wenn man die Hunde im Park so hört, dann nennen die meisten ihre

Besitzer Herrchen oder Frauchen. Ihr Menschen scheint das zu mögen.»

«Danke, aber das ist in meinem Fall nicht nötig», erwidere ich.

«Klingt, als hättest du was dagegen», stellt sie fest.

«Na ja, ich befürchte, diese Anrede ist nicht als Kompliment gemeint», sage ich. «Sie soll wohl ausdrücken, dass ein Hundebesitzer im Vergleich zu beispielsweise einem Gutsherrn nur eine halbe Portion ist. Während der Gutsherr nämlich über Ländereien, Nutztiere und Knechtschaft gebietet, untersteht dem Hundebesitzer lediglich sein Vierbeiner. Deswegen darf der eine sich Herr nennen, der andere ist hingegen nur ein Herrchen.»

Miss Happy gähnt. «Solche Haarspaltereien liegen mir fern, besonders am frühen Morgen. Aber dann sag mir doch einfach, wie ich dich nennen soll. Ist dir Hochwürden lieber? Oder Genosse? Oder Mylord? Oder Oberstleutnant? Oder Hauptwachtmeister? Oder …»

«Schon gut, krieg dich wieder ein», unterbreche ich. «Es reicht mir völlig, beim Vornamen genannt zu werden.»

«Beim Vornamen? Aber das geht doch nicht!», sagt sie entrüstet. «Du heißt … Walter. Ich meine … Walter! Walter, was ist das für ein Name?»

«Das ist zum Beispiel der Name von Walter Benjamin oder Walter Jens», referiere ich eingeschnappt. «Walt Disney und Walt Whitman hießen meines Wissens auch Walter. Und dann wäre da noch der große Walter Matthau oder Walter …»

«Alles klar», unterbricht Miss Happy. «Ich habe schon verstanden. Man kann also sogar mit dem Vornamen

Walter etwas im Leben erreichen. Zumindest andere Männer mit diesem Namen haben das geschafft. Das ist beruhigend. Trotzdem finde ich, dass du einen Titel brauchst. Außerdem begrüßt du mich doch auch immer mit Anrede.»

«Na und? Was hat das eine denn mit dem anderen zu tun?»

Miss Happy schüttelt verständnislos ihren schwarzen Labradorkopf. «Na ja, ich meine, wo gibt es denn so was? Dass der Hund mit Titel angesprochen wird, der Besitzer aber nur mit Vornamen?»

Mir geht ein Licht auf. «Sag mal, kann es sein, dass du da einen gewissen Standesdünkel entwickelt hast?», frage ich.

«Schon möglich», antwortet Miss Happy locker. «Im Vergleich zu dir habe ich ja auch einen Stammbaum. Und damit einen Ruf zu verteidigen.»

«Verstehe», sage ich amüsiert. «Wir brauchen also einen klingenden Titel für mich, der dazu dient, deine vornehme Abstammung zu unterstreichen. Am Ende geht es aber vermutlich nur darum, dass du im Park vor den anderen Hunden angeben kannst, richtig?»

«Ja. So in etwa», gibt Miss Happy zu.

«Okay. Wie wär es dann mit: Eure Eminenz?»

«Oha. Warum nicht gleich: Eure Heiligkeit?», fragt sie launig.

«Gute Idee», sage ich. «Damit ist dann auch gleich klar, dass ich von einer anbetungswürdigen Barmherzigkeit bin, wenn es um meinen Hund geht.»

Miss Happy zieht die Lefzen zu einem müden Grinsen hoch. «Vielleicht sollten Euer Durchlaucht nicht ganz so dick auftragen. Immerhin bist du der Einzige in dieser Familie, der nicht will, dass ich bei euch im Bett schlafe. Barmherzigkeit sieht anders aus. Und im Winter ist der Boden in dieser Küche ganz schön frostig.»

«Wenn ich so unbarmherzig bin, dann sollte ich mir vielleicht einen furcht- und respekteinflößenden Beinamen zulegen», sage ich. «Beispielsweise Walter, der Grausame. Oder: Walter, der Schreckliche.»

«Ja. Nicht schlecht.» Miss Happy nickt anerkennend. «Allerdings wird sich niemand, der dich im Park sieht, erklären können, was an dir schrecklich sein soll, abgesehen vielleicht von deiner Vorliebe für gemusterte Tweed-Kappen.»

«Die sind einfach praktisch», werfe ich unwirsch ein.

«Dann nenn dich doch: Walter, der Praktische», schlägt Miss Happy vor. «Oder alternativ: Walter, der Gemusterte.»

Ich nippe an meinem Espresso und überlege. «Bezeichnen eigentlich alle Hunde Ihre Besitzer als Herrchen oder Frauchen?»

«Nein. Manche lassen sich mehr oder weniger schmeichelhafte Spitznamen einfallen. Andere nennen ihre Besitzer schlicht: mein Mensch. Große Hunde, vor allem jene, die sich gern auf eine einzige Bezugsperson konzentrieren, reden von ihrem Boss, ihrem Chef oder sogar ihrem Meister.»

«Meister», wiederhole ich. «Das klingt auch nicht schlecht. Meister Walter. Was hältst du davon?»

«Klingt ehrlich gesagt, als hättest du ein Faible für Mittelaltermärkte und Minnelieder», frotzelt Miss Happy.

«Okay, da ist was dran», gebe ich zu. «Also, was schlägst du vor?»

«Kein Ahnung. Aber es wäre doch gelacht, wenn es uns nicht gelingen würde, eine halbwegs treffende Anrede für dich zu finden, oder?»

«Was sind denn die coolsten Titel, die du bislang im Park gehört hast?», frage ich.

«Mal überlegen.» Miss Happy wiegt den Kopf hin und her. «Es gibt da zum Beispiel einen Weimaraner, der nennt seine Besitzerin: Die eiserne Jungfrau. Finde ich nicht nur sehr witzig, ich glaube, da ist auch was dran.»

«Ist die eiserne Jungfrau zufällig eine hochgewachsene Blondine um die vierzig, die eine schnarrende Stimme hat und gern Reitstiefel trägt?»

«Ach, die ist dir auch schon aufgefallen», sagt Miss Happy.

«Sie ist ja nicht zu übersehen. Zumal sie sich gern auf die kleine Anhöhe beim Volleyballfeld stellt, wo man für die anderen Parkbesucher gut sichtbar ist.»

«Dann kennst du bestimmt auch den gedrungenen Kerl mit Schnauzbart, der meistens in Jogginghosen herumläuft und einen Deutschen Schäferhund ausführt, oder?»

«Ja. Er unterhält sich manchmal mit der eisernen Jungfrau», sage ich. «Ich vermute, er steht auf sie und würde sie gern zu einem Date bewegen. Dabei dürfte die Chance, dass sie mit einem Mann ausgeht, der Jogginghosen trägt und zwei Köpfe kleiner als sie selbst ist, gegen null tendieren.»

Miss Happy nickt. «Sehr gut beobachtet. Der Mann heißt Georg, sein Hund hört auf den Namen Hasso. Das war übrigens Georgs Idee. Er ist also nicht nur klein und in modischer Hinsicht ein Totalausfall, er sprüht auch nicht vor Originalität. Ganz im Gegensatz zu seinem Hund, der ein netter und witziger Kerl ist. Wenn er von Georg spricht, dann nennt er ihn nämlich: Mein Führer.»

«Es ist vielleicht ganz gut, dass Hunde und Menschen gewöhnlich nicht miteinander reden», sage ich. «Wir hätten bestimmt nicht so eine hohe Meinung von euch, wenn wir wissen würden, was ihr so alles über uns erzählt.»

«Ach, das würde ich nicht so eng sehen», sagt Miss Happy. «Hasso nimmt ja nicht nur Georg auf den Arm, sondern auch sich selbst. In einer alten Wochenschau hat er gesehen, dass er Hitlers Lieblingshund zum Verwechseln ähnlich sieht. Zum Glück nimmt Hasso es mit Humor.»

«Er schaut also auch gern Dokumentationen», stelle ich fest.

«Wie die meisten von uns, wenn die Tage lang und langweilig sind», ergänzt Miss Happy. «Aber zurück zum Thema, es fehlt uns immer noch ein passender Titel für dich.»

«Welchen Spitznamen hast du eigentlich bislang für mich verwendet?»

«Wie meinst du das?», fragt sie. Ich merke, dass sie sich dumm stellt.

«Du weißt genau, wie ich das meine.»

Sie zögert einen Moment, dann beginnt sie herumzudrucksen: «Na ja, wie du weißt, finde ich deinen Vornamen nicht so toll. Andererseits haben wir beide ja noch keine passende Anrede für dich gefunden, also …»

«Schon gut. Spuck's aus», sage ich.

«Ich hab denen gesagt, du bist mein Chauffeur», gesteht sie und fügt sofort hinzu: «Das meine ich aber nicht ernst. Das hat sich nur so ergeben. Zwei wahnsinnig blöde und hochnäsige Chihuahuas haben mich mit ihren Luxusgeschichten provoziert. Da ist mir das so rausgerutscht.»

Ich muss grinsen. «Dein Chauffeur?»

Sie nickt. «Tut mir leid. Bist du jetzt sauer?»

«Miss Happy und ihr Chauffeur», sage ich. «Finde ich eigentlich ganz nett. Und es trifft den Kern der Sache ziemlich gut.»

«Echt jetzt?», fragt sie erstaunt. «Du nimmst mir das nicht übel?»

«Nein», antworte ich. «Im Gegenteil. Ich find's witzig. Lassen wir es doch einfach dabei.»

MÄNNCHEN MACHEN

Gestern habe ich im Fernsehen eine Doku über diesen berühmten kalifornischen Hundeflüsterer gesehen», erzählt Miss Happy.

«Interessant», sage ich. «Und was hat er dir geflüstert?»

«Nichts. Ich schwöre dir, der Typ hat keine Ahnung von Hunden.»

«Das sagst du nur, weil du Hundetrainer nicht leiden kannst», unke ich.

«Der Mann ist nicht irgendein Hundetrainer, Walter. Wenn man seinen Fans glauben darf, dann ist er der wundervollste, wortgewandteste und weltberühmteste Hundetrainer überhaupt. Deshalb nennt er sich ja auch nicht Hundetrainer, sondern Hundeflüsterer».

«Ich weiß nicht einmal, was die Arbeit eines Hundeflüsterers von der eines Hundetrainers unterscheidet», sage ich. «Weißt du es?»

«Na logisch», erwidert Miss Happy: «Jeder Hund, der auch nur halbwegs up to date ist, weiß das: Ein Hundetrainer trainiert Hunde. Ein Hundeflüsterer hingegen trainiert Hundebesitzer.»

Skeptisch wiege ich den Kopf hin und her. «Du musst bedenken, dass die meisten Erziehungsfehler nicht von Hunden gemacht werden, sondern von ihren Besitzern.»

«Wow! Walter! Ich glaube, dass du absolut das Zeug zu einem Hundeflüsterer von Weltrang hast», spottet Miss Happy.

«Na, immerhin sind auf diese Weise die Hunde fein raus, egal wie ungeschickt sie sich anstellen. Das müsste einem Hund wie dir doch gefallen.»

«Was soll denn das nun wieder heißen?», fragt Miss Happy.

«Ich meine damit alle Hunde, die sich gern vor der Hundeschule drücken.»

«Ach so. Verstehe. Klar», antwortet sie. «Und es stimmt natürlich. Die Idee, die Macken der Hunde samt und sonders ihren Besitzern in die Schuhe zu schieben, ist brillant. Könnte glatt von mir sein. Ich finde es aber trotzdem nicht gut, dass du diesem blöden Hundeflüsterer nach dem Mund redest.»

«Wieso? Du hast doch gerade selbst gesagt, dass dir seine Theorie gefällt. Ich weiß gar nicht, was du gegen den Kerl hast.»

«Ach, ich glaube, ich mag ihn einfach nicht», erwidert Miss Happy. «Er ist ein selbstverliebter Macho, der nur deshalb mit Hunden zu tun hat, weil das lukrativ ist. Er würde auch Kochrezepte, Vitaminpillen oder Fruchtsäfte verhökern, wenn er Geld und Ruhm damit einheimsen könnte. Am Ende geht es ihm nur um seine Karriere und nicht darum, die Beziehungen von Hunden und Menschen zu verbessern.»

«Vielleicht tust du ihm unrecht», gebe ich zu bedenken. «Ich meine, er kann ja nicht völlig falschliegen. Wie sollte er mit seinem Konzept sonst so großen Erfolg haben?»

«Also bei mir hat er genau gar nichts erreicht. Null. Nada. Niente.» Happy hechelt kurz, dann fügt sie hinzu: «Zero. Tote Hose. Totalausfall.»

«Ja, ich hab es verstanden», sage ich. «Aber wie eben schon gesagt: Er hilft in erster Linie nicht den Hunden, sondern ihren Besitzern.»

«Das ist völliger Quatsch, Walter. Er hilft auch den Besitzern nicht. Er manipuliert sie. Schau dir diese Doku an, dann wirst du es mit eigenen Augen sehen. Dieser Mann macht aus seinem Publikum ein Rudel Pawlow'scher Hundebesitzer.»

«Übertreibst du da nicht ein bisschen?», frage ich.

«Sieh es dir einfach an», wiederholt sie. «Sobald er zu ihnen gesprochen hat, müssen sie seine Bücher und Videos apportieren. Und ich wette, wenn seine TV-Show läuft, dann machen sie brav sitz und bewegen sich allenfalls, um Hundefutter oder Zubehör zu kaufen, das von ihm höchstpersönlich für gut befunden worden ist und deshalb eine besondere Hundeflüsterer-Qualität hat. Fehlt eigentlich nur noch, dass er sein Publikum auf eine spezielle Flüsterpfeife konditioniert. Dann müsste er nicht mal mehr Vorträge halten. Er könnte immer dann pfeifen, wenn er die Leute zwingen will, die Bestellhotline anzurufen. Wenn ich es mir genau überlege, dann würde es mich nicht wundern, wenn er längst so eine Pfeife hat.»

«Ist ja gut, Happy. Ich gebe zu, es geht diesem Mann ganz bestimmt auch ums Geschäft. Aber ich bleibe dabei: Wenn seine Methoden nicht wenigstens ansatzweise auch bei Hunden funktionieren würden, dann wäre er nicht so erfolgreich. Zumindest das musst du zugeben.»

«Weißt du was, Walter? Da kenne ich einen schönen Witz: Ein Mann wird von einem Platzregen überrascht und rettet sich in einen Laden für Angelbedarf. Der Mann selbst ist kein Angler, aber da er ja sowieso warten muss, betrachtet er die Unmengen an bunten und glänzenden Fischködern, die der Laden im Sortiment hat. Schließlich fragt er den Besitzer: Sagen Sie mal, stehen Fische eigentlich wirklich auf solchen Glitzerkram und all dieses bunte Zeug? Der Besitzer zuckt mit den Schultern und antwortet: Das kann ich Ihnen nicht sagen. Wir verkaufen nicht an Fische.»

Ich muss lachen. «Der war gut.»

«Danke.»

«Dummerweise hast du mir damit gerade recht gegeben. Dein Witz erklärt nämlich sehr anschaulich, warum Angler bunte Köder und Hundebesitzer bunte Bücher kaufen.»

«Ich bin gespannt. Sag es mir», erwidert Miss Happy.

«Weil es funktioniert», antworte ich: «Mit diesen Ködern fängt man Fische. Und das richtige Buch hilft einem, seinen Hund besser zu verstehen. Du hast also gerade selbst erklärt, warum Angelläden und Hundeflüsterer zu Recht erfolgreich sind.»

Jetzt muss Miss Happy lachen. Ich sehe es daran, dass sich ihre Lefzen heben. «Soviel ich weiß, müssen Angler trotz genialer Köder oft stundenlang warten, bevor sie etwas fangen.»

«Ohne Köder würden sie gar nichts fangen», wende ich ein.

«Oder der Köder spielt überhaupt keine Rolle. Es könnte ja auch so sein: Mit Köder dauert es eine Stunde, einen Fisch zu fangen. Ohne Köder sechzig Minuten. Und das gleiche Prinzip gilt für Hundeflüsterer.»

«Wirklich? Du glaubst, die Kommunikation zwischen Mensch und Hund gelingt ganz ohne fremde Hilfe? Steile These.»

«Nicht immer und nicht automatisch», antwortet Miss Happy. «Aber wir waren schon eure Jagdhunde, Wachhunde und Hütehunde, lange bevor es den ersten Hundeflüsterer gab. Seit wann denken die Menschen, dass sie fremde Hilfe brauchen, um uns zu verstehen?»

«Keine Ahnung, aber viele Menschen haben Probleme mit ihrem Hund. Vielleicht, weil die Welt schneller und komplizierter geworden ist. Vor zweihundert Jahren musste man sich nicht mit den Errungenschaften der modernen Welt herumschlagen. Es gab keine Flugzeuge, keine Staubsauger, keine Autos, keine Fahrstühle. Es gab weniger Stress, und es gab mehr Natur.»

«Moment. Wer hat jetzt mehr Stress? Ihr Menschen oder wir Hunde?»

«Ihr natürlich. Für einen Hund ist die moderne Welt logischerweise extrem stressig. Eure natürliche Umgebung ist die Natur, und nicht die Stadt.»

«Komisch», erwidert Miss Happy. «Wir Hunde treffen uns aber nicht regelmäßig in großen Hallen, weil wir unsere Menschen nicht verstehen. Wir haben auch keine Fernsehshows und keine Bücher, die sich damit befassen. Das seid ganz allein ihr.»

Ich stutze. Da ist was dran.

«Ist das wahr? Fühlst du dich nicht gestresst?»

«Nicht die Bohne», antwortet Miss Happy. «Hunde sind gestresst, weil sie von ihren Menschen gestresst werden. Die moderne Welt strengt uns nicht an. Dafür leben wir schon viel zu lange mit euch zusammen.»

«Siehst du, und genau das versucht dieser Hundeflüsterer den Menschen beizubringen: Sie sollen verstehen, dass Hunde die Gefühle ihrer Menschen widerspiegeln. Ich glaube, darin liegt auch schon das ganze Erfolgsgeheimnis dieses Hundeflüsterers.»

Miss Happy legt den Kopf schief. «Die Menschen sitzen also in riesigen dunklen Hallen, um sich erklären zu lassen, dass sie diese Zeit mal besser mit ihrem Hund verbracht hätten?»

Ich muss grinsen. «Ja. So in etwa.»

«Ihr Menschen seid ganz schön bescheuert», sagt Miss Happy und schüttelt den Kopf.

«Ja. Ich weiß.»

ZAHLENMAGIE

Weißt du, was Statisten sind?», fragt Miss Happy. «Ja, das sind Leute, die beim Film stumme Rollen spielen», antworte ich.

«Ganz falsch. Statisten sind Zahlen, die dir die Zukunft vorhersagen. Zum Beispiel, wie alt du wirst.»

«Kann es sein, dass du Statistiken meinst? Und nicht Statisten?»

«Ja, das wäre auch möglich», antwortet Miss Happy wegwischend. «Jedenfalls habe ich gestern einen Bericht darüber gesehen. Sehr beeindruckend. Diese Statistiken können dir praktisch alles über dich und dein Leben verraten. Beispielsweise habe ich erfahren, dass du siebenundsechzig Jahre alt wirst. Siebenundsechzig Jahre und sieben Monate, um ganz genau zu sein.»

«Statistisch gesehen stimmt das, dennoch hast du es falsch verstanden.»

«Keineswegs», erwidert Miss Happy. «Sabine wird dreiundsiebzig Jahre und neun Monate alt. Deine Frau wird dich also um sechs Jahre und zwei Monate überleben. Das sind die Fakten. Tja, Pech gehabt, Walter.»

«Nur statistisch gesehen bin ich ein Pechvogel», füge ich hinzu.

«Aber das sage ich doch die ganze Zeit», erwidert Miss Happy ungehalten.

«Ich weiß, aber wir reden trotzdem aneinander vorbei. Du darfst Statistiken nicht als echte Vorhersagen betrachten.»

«Ach nein? Und wie muss ich sie dann verstehen?», fragt sie schnippisch.

«Es gibt ein Prinzip, dass allen Statistiken zugrunde liegt, nämlich die Tatsache, dass sie nur Näherungswerte liefern», erkläre ich. «Eine Statistik sagt deshalb nichts über eine einzelne Person aus, sondern sie beschreibt immer nur einen Sachverhalt innerhalb einer Personengruppe.»

«Häh?» Miss Happy sieht mich an, als hätte ich gerade versucht, ihr die Grundlagen der Quantenmechanik zu erklären. «Was redest du da für ein wirres Zeug, Walter?»

«Das ist kein wirres Zeug, sondern die Wahrheit. Nehmen wir mal folgendes Beispiel. In den reichen Industrieländern werden die Leute immer dicker. Das ist statistisch erwiesen. Das heißt aber noch lange nicht, dass jeder einzelne Mensch, der in dieser Statistik auftaucht, tatsächlich zugenommen haben muss. Im Gegenteil. Einige haben vielleicht sogar abgenommen. Nur insgesamt gesehen ist eben eine Gewichtszunahme zu beobachten.»

Miss Happy überlegt eine Weile, dann fragt sie: «Hast du eigentlich zugenommen, Walter?»

«Was tut denn das jetzt zur Sache?», erwidere ich gereizt.

«Na, du wohnst in einem reichen Land, und gemäß Statistik müsstest du immer dicker werden. Ich will nur wissen, ob das stimmt oder nicht.»

«Na ja, in meinem Fall ist da schon was dran», gebe ich zu.

«Interessant», sagt Miss Happy. «Wenn es um dein Gewicht geht, dann stimmt die Statistik also, im Falle deiner Lebenserwartung soll sie jedoch nicht zutreffen. Ja, was denn nun?»

«Sie ist in beiden Fällen wahr und zugleich falsch …», beginne ich.

«Möchtest du meine Theorie hören?», fällt Miss Happy mir ins Wort. «Ich glaube, du bist einfach nur sauer, weil du in genau vierzehn Jahren und zwei Monaten den Löffel abgeben musst.»

«Und ebendas ist ein Irrtum», sage ich. «Es stimmt nur statistisch gesehen. Ich könnte ja auch auf wundersame Weise hundert Jahre alt werden oder längst das Zeitliche gesegnet haben, wie andere Leute, die ebenfalls 1965 geboren sind. Deshalb sind Statistiken zwar einerseits wahr, weil sie in Bezug auf die gesamte Gruppe mathematisch gesehen zutreffen. Sie sind aber auch falsch im Hinblick auf einzelne Personen dieser Gruppe.»

«Aber wie soll das gehen?», fragt Miss Happy mit leiser Verzweiflung. «Ich meine, aus zehn Chihuahuas kannst du kein Wolfsrudel machen. Dazu brauchst du Wölfe. Wölfe sind keine Chihuahuas und umgekehrt. Und fünf Wölfe und fünf Chihuahuas machen auch noch kein Wolfsrudel.»

«Das verstehe jetzt wiederum ich nicht», sage ich. «Was haben Wölfe und Chihuahuas mit der Lebenserwartung von Leuten meines Geburtsjahrgangs zu tun?»

«Keine Ahnung», erwidert Miss Happy. «Du bist hier der Statist.»

«Ja, das kommt mir auch manchmal so vor», sage ich.

«Und? Kannst du es mir jetzt erklären, oder was?», fragt Miss Happy.

«Ich gebe ja zu, dass das kompliziert ist», sage ich. «Nicht nur für Hunde. Auch viele Menschen nehmen Statistiken entweder viel zu ernst – oder aber nicht ernst genug.»

«Kein Wunder. Wenn es so ist, wie du sagst, dann sind Statistiken ja auch völlig beliebig. Ich meine, was hilft es dir, wenn du weißt, dass du möglicherweise immer dicker wirst, vielleicht aber auch nicht?»

«Gute Frage», antworte ich. «Fangen wir doch mal anders an, nämlich mit einem ganz einfachen Beispiel. Stell dir zwei Männer vor. Der eine ist achtzig Jahre alt, der andere zwanzig. Zusammen sind sie hundert Jahre alt, statistisch gesehen haben sie einen Altersdurchschnitt von fünfzig Jahren. Dieser Altersdurchschnitt hat mit dem Alter der beiden Männer allerdings nichts zu tun.»

«Alles klar. Hab ich verstanden», sagt Miss Happy. «Ist zwar Schwachsinn, aber immerhin einleuchtender Schwachsinn.»

«Ja, aber wenn du nicht nur zwei Menschen betrachtest, sondern die Bevölkerung eines ganzen Landes, dann wirst du feststellen, dass Menschen jedes Alters in die Statistik einfließen. Du wirst also Leute finden, die rein zufällig genauso alt sind wie der Altersdurchschnitt der Bevölkerung. Und insgesamt gesehen kannst du erkennen, ob es sich um eine eher junge Gesellschaft handelt wie etwa in Indien oder um eine eher alte wie in Japan oder Deutschland.»

«Okay, auch das habe ich verstanden», sagt Miss

Happy. «Was mir allerdings nicht einleuchten will, ist, warum Statistiken für einzelne Menschen keinen Wert haben, obwohl sie doch aus Informationen über einzelne Menschen gemacht werden.»

«Eine Statistik kann sehr wohl für den Einzelnen von Bedeutung sein», widerspreche ich. «Da sie dir beispielsweise Mittelwerte liefert, kannst du erkennen, ob du dich oberhalb oder unterhalb dieses Mittelwertes bewegst. Wenn du also beispielsweise deutlich dicker bist als der Durchschnitt der Bevölkerung, dann solltest du dir überlegen, eine Diät zu machen.»

«Verstehe. Bist du denn deutlich dicker als der Durchschnitt ...»

«Jetzt hör mal auf, hier immer auf meinem Gewicht herumzureiten.»

«Okay. Aber habe ich das jetzt richtig verstanden? Wenn du zu dick bist, dann gibt es jemanden, der zu dünn ist? Ich meine das jetzt nicht persönlich, Walter. Sondern rein statistisch gesehen.»

«Das stimmt zwar nicht ganz, aber in Bezug auf den Median, also diesen besagten Mittelwert, ist da schon was dran.» Ich überlege kurz, dann füge ich hinzu: «Doch, prinzipiell kann man das schon so sagen.»

«Aha! Langsam kapiere ich. Du machst kaum Sport, also muss es irgendwo einen athletischen Kerl geben, der doppelt hart trainiert. Du liegst beim Fernsehen deutlich über dem Mittelwert, also liest ein anderer deine Bücher. Und vermutlich säufst du mehreren Menschen die ihnen zustehenden Rationen an Espresso und Rotwein weg. Vielleicht trinken die im Gegenzug deinen Orangensaft.»

Ich muss grinsen. «Da könntest du recht haben. Du musst allerdings auch bedenken, dass ich hart arbeite und damit nicht nur zum Lebensunterhalt meiner Familie, sondern auch zum Wohlergehen eines vorwitzigen Hundes beitrage. Das wiederum nehme ich anderen Leuten von den Schultern.»

«Das stimmt», sagt Miss Happy und zieht die Lefzen nach oben. «Und das kann man dir statistisch gesehen auch gar nicht hoch genug anrechnen.»

ZEITVERSCHWENDUNG

W as machst du da?», fragt Miss Happy neugierig. Ich knie auf dem Teppich in meinem Arbeitszimmer, umringt von Möbelteilen, und suche nach dem Inbusschlüssel. «Wonach sieht es denn aus?»

Miss Happy legt den Kopf schief. «Ich würde sagen, das ist mal ein Möbelstück gewesen. Vielleicht ein Schrank?»

«Gut geraten», sage ich. «Aber es ist kein Möbelstück gewesen, es wird erst noch eins.»

«Sag ich doch. Es siehst aus, als wäre es aus dem fünften Stock gefallen und in Millionen Teile zerbrochen. Und du versuchst jetzt, es wieder zusammenzusetzen, richtig?»

Ich muss grinsen. «Was definitiv stimmt, ist, dass es mir auch so vorkommt, als wären es Millionen Teile.»

«Ich glaube übrigens nicht, dass sich die Reparatur dieses Mülls lohnt. Wenn du mich fragst, dann ist dieses Ding nicht mehr zu retten.»

«Ich habe das Zeug hier nicht auf dem Müll gefunden, sondern gekauft.»

Miss Happy macht große Augen. «Echt jetzt? Du hast für diesen Schrott Geld bezahlt?»

«Das, was wie Schrott aussieht, ist ein Schuhschrank», erkläre ich. «Eigentlich sind es sogar zwei. Der andere liegt dahinten neben dem Schreibtisch. Ich habe ihn noch nicht ausgepackt.»

Miss Happy geht zum Schreibtisch und schnuppert an den dort liegenden Paketen. «Das ist ja abgefahren. In diesen kleinen Päckchen steckt tatsächlich ein ganzer Schuhschrank?»

«Ein Schuhschrank in Einzelteilen, ja. Ich muss das alles noch aufbauen, aber schon in wenigen Stunden werden zwei brandneue Schuhschränke in unserem Flur stehen.»

Miss Happy bemerkt den Namen des Einrichtungshauses auf den Paketen. «Moment mal! Jetzt weiß ich, was hier los ist. Ich habe eine Doku über den Gründer dieses Möbelhauses gesehen. Der ist mit der Idee, andere Leute seine Möbel aufbauen zu lassen, steinreich geworden.»

«Ich weiß. Wie du siehst, bin ich einer von diesen anderen Leuten.»

«Bestimmt ist das gut für dein Selbstbewusstsein», erklärt Miss Happy. «Es ist wissenschaftlich bewiesen, dass Menschen einen besonderen Stolz empfinden, wenn sie es geschafft haben, ihre Möbel selbst aufzubauen. Das haben sie auch in dieser Doku gesagt.»

«Ja. Ich hab davon gehört. Geht mir aber überhaupt nicht so», sage ich. «Ich bin immer froh, wenn das Zeug endlich steht. Und ich schwöre mir jedes Mal, nie wieder einen Fuß in dieses verdammte Möbelhaus zu setzen.»

«Warum tust es dann trotzdem?», fragt sie.

Ich zucke mit den Schultern. «Einerseits sind die Sachen wirklich preiswert, andererseits rede ich mir ein, dass der Aufbau bestimmt nicht lange dauern wird. Leider ist das ein ständiger Irrtum.»

«Ich könnte dich beim nächsten Mal an deinen Schwur erinnern», schlägt Miss Happy vor.

«Danke, das ist nett von dir. Ich fürchte nur, es wird nicht viel bringen. Je länger ein Einkauf zurückliegt, desto mehr scheint man zu vergessen, wie sehr man sich beim letzten Aufbau mit diesem Kram herumgeärgert hat.»

Miss Happy springt mit einem eleganten Satz aufs Sofa und macht es sich dort bequem. «Ich bin froh, dass ich keinen Schuhschrank brauche, weil ich ja zum Glück keine Schuhe habe, die ich hineinstellen könnte.» Sie stutzt. «Walter! Das ist die Lösung! Ihr müsst einfach weniger Schuhe kaufen.»

«Gute Idee», sage ich. «Und was machen wir mit denen, die wir schon haben?»

«Verschenken?», schlägt Miss Happy vor.

«Ich glaube nicht, dass ich Sabine dazu überreden kann, ihre Schuhe zu verschenken. Aber selbst wenn, dann wäre das grundsätzliche Problem damit noch lange nicht gelöst. Es geht ja nicht nur um diese Schuhschränke. Wir haben auch Küchenschränke, die mit Geschirr und Küchengeräten vollgestopft sind, wir haben Kleiderschränke voller Kleidung, Aktenschränke voller Akten, und in der Garage steht ein Werkzeugschrank voller Werkzeuge. Kurzum, wir kaufen Schränke, um sie mit Kram vollzustopfen. Und wenn wir merken, dass wir zu viel davon haben, dann entrümpeln wir die Schränke und stopfen das überflüssige Zeug in Kisten, die wir dann in den Keller schleppen. Bis wir eines

Tages alles verschenken oder wegwerfen, um Platz zu schaffen für neuen Kram, der sich inzwischen wieder in den Schränken angesammelt hat.»

«Warum kauft ihr denn auch all dieses Zeug?», fragt Miss Happy. Es klingt einerseits besorgt, andererseits vorwurfsvoll.

Ich zucke mit den Schultern. «Ich glaube, die Menschen sind einfach so. Sie haben Angst davor, zu kurz zu kommen. Also kaufen sie meistens von allem zu viel und werden dadurch gezwungen, noch mehr zu kaufen.»

«Verstehe», sagt Miss Happy. «Du meinst, wer nur ein einziges Paar Schuhe besitzt, der braucht auch keinen Schuhschrank.»

«Stimmt. Wobei der Schuhschrank noch eines der harmloseren Beispiele ist. Wenn du dir ein Auto kaufst, dann brauchst du eine Versicherung, eine Werkstatt, eine Tankstelle, und am besten baust du auch noch eine Garage, um das Auto darin sicher zu parken. So richtig anstrengend wird es aber erst, wenn du dir ein Haus zulegst. Dann musst du dich nicht nur mit Banken, Versicherungen, den Behörden, dem Finanzamt und den Stadtwerken herumschlagen, du investierst auch ständig Arbeit und Geld, um dein Haus zu erhalten, zu verschönern und zu verbessern. Schließlich soll es gut dastehen, wenn es dir eines Tages mal gehört.»

Miss Happy stutzt. «Wie? Gehört dir dieses Haus etwa nicht?»

«Nein. Noch gehört es der Bank. Wir haben uns von der Bank Geld geliehen, um das Haus zu kaufen. Erst wenn wir dieses Geld mit Zinsen zurückbezahlt haben, werden wir offiziell Hausbesitzer.»

«Aha. Und wann wird das sein?», fragt sie.

«In vierzehn, fünfzehn Jahren? Genau habe ich das nicht im Kopf.»

Sie wirkt erstaunt. «Und wie lange zahlt ihr schon an die Bank?»

«Das müssen inzwischen so zwölf Jahre sein, glaube ich.»

«Aber das heißt dann ja, insgesamt müsst ihr der Bank mehr als fünfundzwanzig Jahre lang Geld bezahlen», rechnet Miss Happy vor.

«Ganz genau.»

«Jetzt weiß ich auch, warum Hunde praktisch nichts besitzen. Wenn du eine Lebenserwartung von zwölf Jahren hast, dann kriegst du natürlich nirgendwo einen langfristigen Kredit.»

«So habe ich das noch nie betrachtet», sage ich amüsiert.

Miss Happy zieht die Lefzen zu einem Grinsen hoch. «Aber das ist okay. Für uns Hunde macht es keinen Sinn, unsere kurze Zeit auf Erden mit Dingen zu vergeuden, die keinen Spaß machen. Wenn ein Hundejahr sieben Menschenjahre sind, dann ist für mich ein Tag wie für dich eine Woche.»

«Ja. Stimmt. Aber worauf willst du hinaus?»

«Ich frage mich nur, ob du diese beiden Schränke auch dann aufbauen würdest, wenn du eine Woche Lebenszeit dafür verschwenden müsstest.»

«Oh. Ich würde es mir zumindest sehr gut überlegen», sage ich.

Miss Happy lässt ihren Kopf auf die Vorderpfoten sinken und schaut mir eine Weile beim Werkeln zu.

«Findest du zwölf Jahre eine lange Zeit?», fragt sie.

«Kommt drauf an», sage ich. «Wenn du zwölf Jahre im Knast sitzt, dann dürfte dir diese Zeit ganz schön lang vorkommen. Zwölf gute Jahre können wiederum wie im Flug vergehen.»

Schweigen.

«Ach, zwölf Jahre sind okay», sagt sie schließlich. «Wenn du zwölf Jahre lang ein gutes Hundeleben führen kannst, dann solltest du zufrieden sein.»

Ich nicke, schweige und schraube an meinem Schuhschrank herum.

«Glaubst du eigentlich, dass die meisten Menschen zwölf gute Hundejahre zusammenkriegen, wenn sie am Ende ihres Lebens zurückblicken?»

Ich halte inne. «Du meinst, insgesamt?»

«Ja», antwortet Miss Happy. «Ihr Menschen habt doch so viel damit zu tun, euch um eure Häuser, eure Autos und eure Jobs zu kümmern. Denkst du, da ist trotzdem noch ein gutes Hundeleben für euch drin?»

Ich überlege, ob in achtzig Menschenjahren zwölf glückliche und unbeschwerte Jahre verborgen sein können. Manchmal ja, oft aber auch nicht, denke ich und sehe, dass mein Hund mich aufmerksam mustert.

«Kann es sein, dass du lieber mit mir in den Park gehen möchtest, statt diese Dinge hier zusammenzuschrauben?», fragt sie.

«Allerdings», antworte ich und lasse den Schraubenzieher fallen. «Gehen wir.»

KURZURLAUB

Hast du meine gepunktete Kuscheldecke eingepackt?», fragt Miss Happy, während sie geschäftig in der Küche umherstolziert.

«Hab ich», antworte ich.

«Und das weiße Schafsfell?»

«Das weiße Fell ist auch an Bord.»

«Habt ihr es mit Weichspüler gewaschen, damit es schön kuschelig ist?»

«Haben wir. Jetzt liegt es zusammen mit der kuscheligen gepunkteten Decke in deiner kuscheligen Faltbox. Ebenso wie dein Kuscheltier. Du hast es also so kuschelig wie immer.»

Ich nippe an meinem Espresso und stelle fest, dass er inzwischen kalt geworden ist. Ich hätte mir zuerst einen Kaffee gönnen und erst dann mit den Vorbereitungen für Miss Happys Kurzurlaub beginnen sollen. Erfahrungsgemäß dauert ihre Reiseplanung meist etwas länger.

Miss Happy überlegt. «Welches Kuscheltier hast du mir denn eingepackt?»

«Den kleinen Hund», antworte ich.

«Mmmmh», sagt sie, was immer das heißen mag.

«Nicht okay?», frage ich. «Ich kann dir auch den Bären, die Giraffe oder den Löwen mitgeben. Aber da du bis jetzt noch jedes Kuscheltier zerrissen und ausgeweidet hast, dachte ich, es spielt keine Rolle, welches Exemplar du diesmal ermordest.»

Sie wirft mir einem vorwurfsvollen Blick zu. «Ich muss übers Wochenende ohne mein geliebtes Rudel einsam in einer Hundepension ausharren, weil du mich nicht mit in den Familienurlaub nehmen willst. Da werde ich ja wohl noch überlegen dürfen, welches Kuscheltier mir in diesen einsamen Tagen ein wenig Trost spenden könnte, oder?»

Miss Happy ist die geborene Drama-Queen. Man könnte meinen, gleich würde ihre Stimme brechen, weil sie so unendlich traurig darüber ist, das Wochenende allein verbringen zu müssen. In Wirklichkeit macht sie sich bestimmt einen Spaß daraus, mir ein schlechtes Gewissen einzureden.

«Du musst da nicht ausharren», erwidere ich. «Es gibt ein großes Gehege und andere Hunde, mit denen du spielen kannst. Womöglich hast du in dieser Hundepension mehr Spaß als wir in Neapel. Außerdem ist dir Fliegen ein Graus. Nur deshalb habe ich dich da eingemietet und nicht, weil wir unbedingt ohne dich nach Italien möchten.»

«Wir hätten auch alle zusammen mit dem Auto fahren können», gibt sie zu bedenken.

«Hätten wir nicht, weil wir nur drei Tage Zeit haben und nicht zwei davon auf der Autobahn verbringen wollten. Außerdem findest du Autofahrten stinklangweilig.»

«Weil du einen schrecklichen Musik- und Hörbuchgeschmack hast.»

«Tut mir leid. Vielleicht machst du mir mal eine Playlist.»

«Die ist längst online», erwidert Miss Happy ungerührt. «Du hättest mich nur mal fragen müssen.»

«Das mache ich sehr gern bei nächster Gelegenheit», lüge ich. «Diesmal haben wir ja nun leider andere Pläne.»

«Schon gut. Du musst dich nicht entschuldigen», sagt sie und schaut mich an, als wäre sie ein altes Mütterlein, das von ihrem kaltherzigen, missratenen Sohn gerade ins Altenheim abgeschoben wird. «Ich glaube, ich nehme den kleinen Kuschelhund und vielleicht noch die Giraffe. Die beiden werden mich trösten in den kalten Nächten.»

«Es ist Frühling», sage ich. «Und die kommenden Nächte sollen warm werden.»

«Ich meinte auch mehr deine Herzenskälte», erwidert sie prompt.

«Ich finde nicht, dass man angesichts einer netten Hundepension von Herzenskälte reden kann. Andere Hunde müssen ins Tierheim, wenn ihre Familien verreisen. Es kann sich nämlich nicht jeder eine Hundepension leisten.»

«Ich bin aber nicht andere Hunde», sagt Miss Happy. «Außerdem kannst du gern versuchen, mich ins Tierheim zu bringen. Ich bin gespannt, wie der Rest der Familie darauf reagiert.»

«Willst du es drauf anlegen?», frage ich.

«Willst du es drauf anlegen?», erwidert sie mit Pokerface. «Ich würde einen so herzzerreißenden Abschied hinlegen, dass du in Neapel vor lauter Vorwürfen keine ruhige Minute hättest.»

«Ja. Schon gut», winke ich ab, um das Thema zu beenden. Außerdem ahne ich, dass sie recht hat, und will es deshalb wirklich lieber nicht drauf anlegen. «Haben wir jetzt alles?»

«Was ist mit meinem Anti-Schling-Napf?», fragt sie nassforsch.

«Mit deinem … Anti-Schling-Napf?», wiederhole ich und spiele den Erstaunten. «Soll das etwa heißen, dass man dich davon abhalten muss, dein Essen herunterzuschlingen?» Theatralisch lege ich eine Hand an die Wange. «Oh mein Gott!»

«Schon gut, spar dir deine Häme», sagt sie. «Ich habe in der Tat die ebenso charmante wie liebenswürdige Angewohnheit, mein Essen sehr zügig zu mir zu nehmen. Wie übrigens die meisten Labradore. Es schmeckt mir eben. Ist das ein Problem für dich?»

«Nein», antworte ich. «Ich dachte nur, eine Dame schlingt nicht.»

«Tut eine Dame auch nicht», erwidert Miss Happy. «In Gesellschaft esse ich immer wie ein Vögelchen. Aber wenn wir unter uns sind, dann lasse ich es mir eben gern schmecken.»

«Wenn wir unter uns sind, soso», unke ich. «Und wie ist es dann zu erklären, dass du im Park Bananenschalen, alte Grillwurstreste und selbst Entenfutter herunterschlingst, wenn du es findest?»

«Das ist evolutionär bedingt. Ich mache das, weil ich Angst habe zu verhungern», antwortet Miss Happy lapidar.

«Und hattest du jemals das Gefühl, diese Angst könnte begründet sein?», frage ich. «Ich meine, du müsstest dir nur mal die zwanzig Kilo Hundefutter in der Vorratskammer ansehen, dann wüsstest du, dass du dir überhaupt keine Sorgen machen musst.»

«Ich kann da aber nichts gegen machen», antwortet Miss Happy. «Tausende von Jahren haben wir Hunde vom Müll der Menschen gelebt. Viele von uns tun das ja heute noch. Das ist einfach in uns drin. Wie bei euch Menschen das Streiten, Kriege anzetteln und diesen Planeten ruinieren.»

Da ich gerade keine Lust auf eine politische Diskussion mit meinem Hund habe, wende ich mich wieder der Organisation des anstehenden Wochenendes zu. Die Transportkiste mit Happys Kram steht in der Mitte der Küche. Ich betrachte sie und frage: «Gut. Wollen wir mal kurz überlegen, ob sonst noch was fehlt?»

«Hast du mein Spielzeug?», will unser Hund wissen.

«Die haben Spielzeug in der Hundepension», erwidere ich. «Trotzdem habe ich selbstverständlich deinen Lieblingsball eingepackt. Für alle Fälle.»

«Das ist nett», sagt Miss Happy und inspiziert schnüffelnd die Kiste.

Ich überlege, ob es eine gute Idee ist, ihr für solche Gelegenheiten einen Überseekoffer zu schenken. Wenn sie schon im zarten Alter von knapp sechs Monaten so viel Kram braucht, wie wird das erst aussehen, wenn sie erwachsen ist?

«Nanu? Hast du mein Fressen nicht eingepackt?», fragt sie.

«Doch. In der Metallkiste mit dem bunten Aufdruck», antworte ich.

«Da ist aber nur das Trockenfutter drin, oder?»

«Was denn noch? Falls du die Bierhefetabletten meinst, die sind da auch irgendwo», sage ich.

Sie schaut mich durchbohrend an. «Und wo ist mein Bio-Olivenöl? Und mein Bio-Quark?»

Ich seufze. «Du bekommst morgens – und nur morgens – einen Teelöffel Öl und zwei Teelöffel Quark ins Futter. Ich dachte, darauf könnten wir ausnahmsweise mal für zwei Tage verzichten.»

Miss Happy sieht mich an, als würde ich ihr gerade lebenswichtige Medikamente vorenthalten. «Quark ist aber sehr wichtig für Knochen und Zähne. Und das Olivenöl sorgt für ein glänzendes Fell.»

«Na und? Dir werden schon nicht gleich alle Haare und Zähne ausfallen, weil du mal lächerliche zwei Tage auf Quark und Olivenöl verzichtest.»

«Weiß man's?», fragt Miss Happy schnippisch. «Außerdem, willst du die Verantwortung dafür übernehmen, wenn ich am Montag aussehe wie ein Nackthund mit Skorbut?»

Ich möchte auch diese Diskussion vermeiden, also hole ich rasch einen Becher Quark und eine Flasche Olivenöl, stelle beides in die Kiste und verkünde: «So, ich glaube, dann haben wir jetzt wirklich alles.»

«Was ist mit dem Papierkram?», will sie wissen. «Hast du das Impfbuch? Meinen Speiseplan? Und das Heft mit den Notfallnummern?»

«Ja», sage ich und klopfe routiniert auf meine Umhängetasche. «Alles hier drin. Von mir aus können wir also los.»

Miss Happy hockt sich hin. «Eine Sache habe ich dir

noch gar nicht gesagt.» Sie macht eine Kunstpause. «Ich hab nämlich eine Überraschung für dich.»

Halt suchend lehne ich mich gegen die Arbeitsplatte.

«Eine Überraschung», wiederhole ich unheilschwanger und erinnere mich an die vielen Überraschungen, die Miss Happy mir bereits in ihrem kurzen Leben bereitet hat. Eine davon war, meine sündhaft teure Sonnenbrille zu zerbeißen. «Und was ist das für eine Überraschung?»

«Du brauchst mich nicht in die Hundepension zu bringen», verkündet sie freudig. «Ich werde nämlich in einer Stunde abgeholt.»

«Abgeholt», wiederhole ich tonlos.

«Ja. Du kannst also jetzt machen, was immer du willst. In Ruhe Kaffee trinken, zum Beispiel.»

«Soviel ich weiß, bietet diese Pension aber keinen Shuttleservice an», sage ich argwöhnisch.

«Das ist richtig. Diese Pension bietet das nicht an. Aber in den meisten besseren Hundehotels gehört der Shuttleservice mittlerweile zum Standard.»

Ich ahne, was passiert ist, und spüre im gleichen Moment Ärger in mir aufsteigen. «Du hast umgebucht? Das ist nicht dein Ernst, oder?»

«Doch. Unser digitaler Sprachassistent hat mir geholfen. War 'n Klacks.»

«Und die Kosten für deine neue Unterkunft, sind die auch 'n Klacks?»

«Hundertdreißig», antwortet sie prompt.

Ich bin erleichtert. «Das ist zwar nicht ganz billig, aber um die achtzig Euro hätten wir auch für dein Wochenende in der Hundepension bezahlt. Also Schwamm drüber.»

«Hundertdreißig … pro Nacht», sagt Miss Happy kleinlaut.

Ich bin froh, dass ich immer noch gegen die Arbeitsplatte lehne, denn so kann ich nicht aus dem Gleichgewicht kommen.

«Das ist ungefähr so viel, wie wir in Neapel für unser Familienzimmer bezahlen», bringe ich mühsam hervor.

«Echt?» Sie wirkt tatsächlich erstaunt. «Aber dann passt das ja. Ich koste so viel wie ihr auch. Außerdem wissen wir doch beide, dass ich es euch wert bin, nicht wahr?» Sie setzt einen Hundeblick auf.

Das kann sie wirklich gut. «Ist jetzt auch egal, wir haben ja sowieso keine andere Wahl.»

«Danke. Du bist toll», sagt sie und strahlt mich mit ihren rehbraunen Augen an. «Dann ist es auch okay für dich, wenn ich mir eine Pfötchenmassage für fünfzig Mäuse extra gönne, oder?»

Sie sieht, dass sich meine Fingernägel in die Küchenarbeitsplatte bohren, damit ich keinen Tobsuchtsanfall bekomme.

«Schon gut, schon gut», sagt sie schnell. «War nur eine Frage.»

Ich entspanne mich.

«Mal sehen, ob ich das noch abbestellen kann», sagt sie kleinlaut.

VERSICHERUNGSFRAGEN

«Erinnerst du dich noch an deine kleine Meinungsver-schiedenheit mit dem Foxterrier, letzten Samstag beim Waldspaziergang?», frage ich.

«Leider viel zu gut», antwortet Miss Happy. «Dieser Rüpel hat mir das Fell zerzaust und die Laune verdorben. Ein unangenehmer Kerl.»

«Der Besitzer des Foxterriers sieht das komischerweise ganz anders.»

«Inwiefern?»

«Er findet, dass du es warst, die sich danebenbenommen hat.»

«Wie bitte?» Miss Happys Augen weiten sich. «Das ist ja wohl eine bodenlose Frechheit. Sein Herrchen kann froh sein, dass ich eine Lady bin, sonst hätte ich diesem Kläffer nämlich eine ordentliche Abreibung verpasst. Und zwar mit dem größten Vergnügen.»

«Genau darum geht es», sage ich. «Der Mann behauptet, dass du seinen Hund in den Nacken gebissen und so schwer verletzt hast, dass ein Nerv in Mitleidenschaft gezogen worden ist. Der Hund hat nach eurer Begegnung gehumpelt. Jetzt fordert sein Besitzer, dass ich für die gesalzene Tierarztrechnung aufkomme und deinem Spielgefährten obendrein eine Physiotherapie spendiere.»

«Dieser Kretin war nie mein Spielgefährte.» Miss Happy schnauft verächtlich. «Und ich lasse mich ganz sicher nicht zum Sündenbock machen. Der Köter hat versucht, mir an die Unterwolle zu gehen, und als ich ihm einen Korb gegeben habe, da ist er erst zudringlich geworden und dann richtig ruppig. Zur Warnung habe ich ihn tatsächlich in den Nacken gebissen, aber nur kurz und nicht sehr fest. Das war jedenfalls garantiert kein schlimmer Biss. Und er war auf gar keinen Fall tief genug, um einen Nerv zu verletzen. Ich sage dir: Dieser Köter simuliert, und sein Besitzer lügt. Darauf verwette ich mein Abendessen für die nächsten zwei Monate.»

Ich bin beeindruckt. Wenn Miss Happy ihr Futter verwettet, dann muss sie sich ihrer Sache sehr sicher sein. «Ich könnte den Hund von unserem Tierarzt untersuchen lassen, um eine zweite Meinung einzuholen. Das bringt aber nur etwas, wenn du dir absolut sicher bist. Kann es sein, dass du am Ende doch fester zugebissen hast, als du jetzt denkst?»

Miss Happy sieht mich durchdringend an. «Walter, ich garantiere dir hiermit und verspreche dir hoch und heilig, dass dieser Foxterrier nicht humpelt, weil ich ihn in den Nacken gebissen habe.»

Die Formulierung lässt mich aufhorchen. «Moment, das klingt so, als wärst du dir nur deshalb so sicher, weil du weißt, warum er humpelt.»

«Klar weiß ich das», antwortet Miss Happy.

«Und was ist der wahre Grund?», frage ich verdutzt.

«Ich hab ihn geschubst.»

«Geschubst», wiederhole ich ratlos.

«Genau. Er hat mich durch den Wald gehetzt und wollte mir immer und immer wieder in die Hinterläufe beißen, damit ich endlich stehen bleibe und mich von ihm befummeln lasse. Deshalb hab ich ihn zu einem Abhang gelockt und dort einen Haken geschlagen. Fast wäre er mir auf den Leim gegangen, aber eben nur fast. Im letzten Moment hat der Mistkerl die Kurve gekriegt. Also blieb mir nichts anderes übrig, als ein bisschen nachzuhelfen und ihn mit einem sanften Tritt in die Tiefe zu befördern.»

Ich seufze. «Dann ist es also leider doch wahr, dass du für sein Humpeln verantwortlich bist.»

Happy nickt. «Aber nicht, weil ich ihm in den Nacken gebissen habe. Das wird dir unser Tierarzt bestätigen. Die können uns also nichts nachweisen. Vor Gericht wird dieser krumme Hund mit seiner Geschichte Schiffbruch erleiden. Ehrlich gesagt freue ich mich schon darauf.»

«Es geht hier nicht nur um formaljuristische Spitzfindigkeiten», erwidere ich. «Sondern auch um die Moral. Du hast ihn in diese Falle gelockt und bist schuld daran, dass er humpelt. Ich denke deshalb, wir sollten so fair sein, ihm die Arztrechnung zu bezahlen.»

«Wieso ist das denn fair?», ereifert sich Miss Happy. «Ich habe doch gesagt, dieser Köter wollte mir an die Wolle. Ich musste meine Unschuld verteidigen. Zählt das etwa nicht?»

«Doch», antworte ich. «Aber ich fürchte, vor Gericht wird man uns diese Geschichte nicht abkaufen. Deshalb halte ich es für sinnvoller, Zeit, Geld und Nerven zu sparen und die Sache außergerichtlich beizulegen.»

Ich zücke mein Smartphone und füge hinzu: «Außerdem habe ich für genau solche Situationen eine Haftpflichtversicherung abgeschlossen. Die sollen den Schaden regulieren, und alle sind zufrieden.»

Miss Happy ist eingeschnappt. «Walter, ich finde es nicht okay, dass dieser Lustmolch damit durchkommt.»

Ich zucke mit den Schultern. «Das verstehe ich, aber manchmal muss man pragmatisch sein.»

Nachdem ich die Nummer der Versicherung gewählt habe, schalte ich den Lautsprecher an und lege das Handy neben mich. So kann Happy mithören, und ich habe die Hände frei, um mir Notizen zu machen.

Ich erkläre einer Frau Brock, wie sich der Fall zugetragen hat. Sie hört aufmerksam zu, dann räuspert sie sich. «In diesem Waldgebiet sind Hunde prinzipiell erlaubt, richtig?»

«Richtig», antworte ich.

«Und besteht dort Leinenpflicht?»

«Keine Ahnung. Ich glaube nicht.»

«Gehört dieser Wald noch zum Stadtgebiet?»

«Ja.»

«Dann können wir davon ausgehen, dass dort Leinenpflicht besteht, so wie überall in Ihrer Stadt. War Ihr Hund angeleint?»

«Nein.»

Wieder räuspert sie sich. «Haben nur Sie beobachtet, wie sich der Schadensfall zugetragen hat?»

«Nein.»

«Es gab also noch weitere Augenzeugen.»

«Nein, was ich sagen wollte, ist, ich habe gar nichts beobachtet», erkläre ich.

«Und wer hat gesehen, was passiert ist?» Frau Brock klingt erstaunt. «Etwa nur der Halter des Foxterriers?»

«Nein, soviel ich weiß, hat niemand den Vorfall beobachtet», antworte ich wahrheitsgemäß. «Die beiden Hunde waren zu diesem Zeitpunkt im Wald verschwunden.»

«Und woher wissen Sie dann, dass es Ihr Hund war, der diesen Foxterrier zwischen den Zähnen hatte?»

Ich zögere. Miss Happy sieht mich erwartungsvoll an. Sie ist ebenso gespannt auf meine Antwort wie Frau Brock, die sich am anderen Ende der Leitung noch einmal räuspert. Scheint so eine Marotte von ihr zu sein.

«Liegt das nicht nahe?», improvisiere ich. «Ich meine, es war schließlich kein weiterer Hund in der Nähe.»

«Das mag sein», erwidert Frau Brock. «Es wäre aber auch möglich, dass der Foxterrier sich seine Verletzung erst nach der Begegnung mit Ihrem Hund zugezogen hat.»

«Könnte man das anhand der Bissspuren rekonstruieren?», frage ich.

«Möglich», antwortet sie. «Mit dieser Frage müsste sich dann aber wohl ein Gericht befassen.»

«Sehen Sie, und genau das würde ich gern vermeiden», erkläre ich beflissen. «Deshalb dachte ich, dass Sie sich kulant zeigen und den Schaden ersetzen könnten. Dann wären alle zufrieden.»

«Wir wären damit keineswegs zufrieden», erwidert Frau Brock. «Ich muss Ihnen ohnehin sagen, dass eine Regulierung des Schadens durch unser Haus leider nicht in Frage kommt. Tathergang und Schuldfrage sind völlig unklar. Das wäre keine Kulanz, sondern Fahrlässigkeit. Tut mir sehr leid, Ihnen da nicht weiterhelfen zu können.»

Ihr Tonfall macht klar, dass es nicht den geringsten Diskussionsspielraum gibt. Frau Brock diskutiert nicht, sondern hält sich an die Fakten.

«Oh. Ja. Tut mir auch leid», sage ich.

«Sie sind nicht zufällig in unserem Hause rechtschutzversichert, oder?»

«Nein, leider nicht.»

«Tja, dann», sagt Frau Brock. Es klingt wie: Ich muss mich jetzt mal wieder um wichtige Sachen kümmern.

Als ich aufgelegt habe, fragt Miss Happy: «Und jetzt?»

«Ganz einfach. Jetzt gehen wir vor Gericht und tricksen diesen Köter und sein verlogenes Herrchen so aus, wie du es eben vorgeschlagen hast.»

Miss Happy freut sich. «Und was ist mit der Moral?»

«Was soll damit sein?», antworte ich. «Die haben schließlich angefangen.»

Sie grinst breit. «Sag ich doch die ganze Zeit!»

ACCESSOIRES

Wollen wir in den Park?», frage ich. «Ich hätte noch ein halbes Stündchen Zeit, bevor ich zur Arbeit muss.» Miss Happy rührt sich nicht vom Fleck.

«Was ist los? Bist du krank?»

«Noch nicht. Aber hast du mal rausgeguckt?», fragt sie. «Es schüttet wie aus Eimern.»

Ich sehe durchs Fenster: Draußen nieselt es ein bisschen. «Also, bevor wir davon richtig nass werden, sind wir längst wieder zu Hause. Außerdem herrschen angenehme Temperaturen.»

«Beim letzten Regen hätte ich mir fast den Tod geholt. Blasenentzündung. Erinnerst du dich? Fünf Tage hab ich gelitten wie ein Hund.»

«Da war aber nicht der Regen schuld», sage ich. «Du bist in den Stadtteich gesprungen und hast dich dabei verkühlt. Selbst schuld.»

«Jedenfalls werde ich von nun an kein Risiko mehr eingehen», verkündet Miss Happy. «Fast alle Hunde im Park tragen Mäntel oder wenigstens einen warmen Schal, wenn es kalt ist. Ich gehöre zu den seltenen Exemplaren, die immer nackt herumlaufen müssen, ob es nun stürmt oder schneit. Manchmal denke ich, du hältst mich für einen Husky oder so.»

«Nein, tue ich nicht», antworte ich. «Aber wir hatten

einen extrem milden Winter, und jetzt ist Frühling. Die Temperaturen liegen um die zehn Grad, womit sich das Thema Mantel erst einmal erledigt hat, würde ich sagen.»

«Keineswegs», erwidert sie schnippisch. «Wie wir gerade festgestellt haben, brauche ich zum Beispiel ein Regenmäntelchen, weil ich ganz offensichtlich dazu neige, mir bei feuchter Witterung eine Blasenentzündung zu holen.»

«Du bist in den Teich gesprungen», wiederhole ich. «Das hat mit feuchter Witterung nichts zu tun.»

«Soll das heißen, du bist nicht bereit, lausige hundert Mäuse zu investieren, um mir einen qualitativ hochwertigen Regenmantel zu kaufen, der nebenbei modisch vertretbar ist?»

«Modisch vertretbar, soso. Weißt du eigentlich, dass meine Regenjacke deutlich weniger gekostet hat als hundert Euro?»

«Ich weiß, Walter. Ich weiß. Und alle anderen wissen das auch, denn es ist nicht zu übersehen. Wenn du dir trotz der ständigen Ermahnungen deiner eleganten Frau weiterhin No-Name-Klamotten kaufst, dann siehst du eben aus wie ein Frührentner, den man um seine Abfindung beschissen hat.»

«Danke für den Vergleich. Ich versuche lediglich, sparsam zu sein.»

«Und deshalb muss ich nackt rumlaufen?», blafft Miss Happy.

«Hör mal, ich kann ja verstehen, dass manche Hunde wärmende oder wasserabweisende Jäckchen benötigen, aber …»

«Na immerhin», ruft Miss Happy dazwischen.

«Ja. Aber du bist ein Labrador Retriever. Du hast von Natur aus wasserabweisendes Unterfell. Das heißt, du kannst dich zwar verkühlen, aber deine Haut wird nicht nass. Und das ist auch gut so, denn Hunde deiner Rasse stürzen sich in Sümpfe und Seen, um Enten zu apportieren. Und soweit ich weiß, tragen diese Hunde keine Regenmäntelchen. Zumindest nicht die, die was auf sich halten.»

Miss Happy verzieht missmutig das Gesicht. «Wow. Das war jetzt wirklich unfair, Walter. Du weißt ganz genau, dass ich der Entenjagd äußerst kritisch gegenüberstehe.»

«Das hält dich aber nicht davon ab, Kausnacks aus Entenfleisch zu fressen», wende ich ein.

«Ja, weil sie lecker sind», gibt Miss Happy zu. «Das ändert aber nichts an meiner politischen Einstellung. Außerdem willst du mich ja wohl nicht mit Provinzhunden vergleichen. Wenn ich jeden Tag in verdreckten Tümpeln nach toten Vögeln suchen müsste, dann könnten wir uns diese Diskussion natürlich sparen. Es geht hier aber auch darum, dass ich im Park nicht wie ein Landei herumlaufen will. Es reicht völlig, wenn du das machst.»

«Weißt du was? Du klingst gerade wie Sabine, wenn sie mir zu verstehen geben will, dass sie überhaupt nichts mehr anzuziehen hat.»

«Na endlich hast du es begriffen», ruft Miss Happy. «Wobei es in meinem Fall hundertprozentig stimmt. Ich habe tatsächlich nichts anzuziehen.»

«Ich kaufe dir trotzdem keinen Regenmantel», gebe ich zu Protokoll. «Erst recht keinen für hundert Euro.»

«Wie wär es dann mit einem Hoodie?»

«Was ist ein Hoodie?»

«Oh Mann, Walter. Du weißt nicht, was ein Hoodie ist? Wie soll ich mit dir über Mode reden, wenn du nicht mal Anfängerwissen hast?»

«Ich habe vielleicht kein Anfängerwissen», erwidere ich. «Aber ich habe eine Kreditkarte. Ich bin also derjenige, der dein modisches Erscheinungsbild verbessern kann. An deiner Stelle wäre ich deshalb etwas kooperativer.»

«Ein Hoodie ist ein Kapuzenpulli. Und das mit der Kreditkarte ist Erpressung.»

«Es gibt Kapuzenpullis für Hunde?»

«Selbstverständlich. Ich hab im Internet einen superschönen Hoodie gesehen. In einem schicken Hellgrau. Alpaka und Mohair.»

«Alpaka und Mohair», wiederhole ich spöttisch. «Tragen jetzt Tiere neuerdings Klamotten aus der Wolle von anderen Tieren?»

«Das musst du gerade sagen, du Ex-Gorilla», kontert Miss Happy.

«Wenn überhaupt, dann Ex-Schimpanse», erwidere ich. «Was kostet denn so ein Hoodie? Alpaka und Mohair klingt teuer. Vielleicht kaufe ich dir ja doch lieber einen Regenmantel.»

«Das macht kaum einen Unterschied. Alles, was mir halbwegs gefällt, kostet mindestens hundert Euro.»

«Und da gibt es keine preiswerteren Varianten?», frage ich.

«Doch. Im Großhandel. Da kriegst du Hundemäntel ab zehn Euro, aber …»

«Na, das klingt doch gut», rufe ich dazwischen.

«Vergiss es, Walter! Glaub nicht, dass ich mich in einen neonfarbenen Plastiksack stecken lasse», ereifert sich Miss Happy. «Mag ja sein, dass es andere Hunde nicht stört, in Billigklamotten herumzulaufen. Mich schon.»

«Ich könnte dir was stricken», stichele ich. «Wie wär es denn damit?»

«Gut, dass du das ansprichst», antwortet Miss Happy. «Selbstgestrickte Klamotten sind nämlich mein zweiter Albtraum. Ein Mopsmischling in einem pinkfarbenen Strickpulli mit weißen Herzchen hat mir kürzlich gesagt, dass er im Tierheim geblieben wäre, wenn er gewusst hätte, was ihn draußen für modische Demütigungen erwarten.»

«Gut», sage ich. «Aber dann scheint es drauf hinauszulaufen, dass du weiterhin nackt im Park herumtollst. Halbwegs bezahlbare Mode kommt für dich nicht in Frage. Ich hingegen sehe es nicht ein, dass mein Hund besser gekleidet ist als ich selbst.»

«Du bist total engstirnig», sagt Miss Happy. «Ich bemühe mich darum, dass wenigstens dein Hund gut aussieht, wenn du es schon nicht tust. Außerdem macht es überhaupt keinen Sinn, sich einen reinrassigen Labrador zuzulegen, wenn man dann nicht in die Accessoires investiert. Das ist, als würdest du dir einen schnittigen BMW kaufen, aber an der Innenausstattung sparen.»

«Wir fahren einen Hyundai», gebe ich zu Protokoll. «Mit der billigsten Innenausstattung, die verfügbar war.»

«Stimmt. Das ist ja auch so 'n Flop», nickt Miss Happy.

«Egal, was du sagst, das Auto erfüllt seinen Zweck», wende ich ein. «Und ein Mäntelchen für zehn Euro wird ebenso seinen Zweck erfüllen wie eines für hundert.»

«Bitte, Walter. Tu mir das nicht an», fleht Miss Happy. «Es würde mir ja ein einziges Kleidungsstück reichen, nur soll es eben kein Billigkram sein. Du bist doch sonst immer so darauf bedacht, politisch korrekt zu sein. Was wäre, wenn man im Park plötzlich mit Fingern auf dich zeigen würde, weil dein Hund Klamotten trägt, die in Bangladesch von kleinen Kindern zusammengenäht worden sind?»

«Ist das denn so?», frage ich erstaunt.

«Kein Ahnung», antwortet Miss Happy. «Aber möglich wär es.»

Ich überlege. «Weißt du was? Im kommenden Oktober wirst du ein Jahr alt. Wie wäre es, wenn wir dir zu diesem Anlass eine warme, wasserabweisende und überhaupt sehr praktische Jacke schenken würden, die obendrein politisch korrekt ist und ganz nebenbei noch deinen modischen Ansprüchen genügt.»

Miss Happy ist erfreut, ich sehe es an ihrem Schwanzwedeln. «Das wäre toll.»

«Vielleicht finden wir bis dahin ja auch ein schönes Stück, das nicht ganz so teuer ist wie die Haute Couture, die dir vorschwebt.»

«Entweder so», entgegnet Miss Happy, «oder du siehst endlich ein, dass zu einem eleganten Hund auch elegante Accessoires gehören. Und wenn ich ganz ehrlich bin, dann hatte ich eigentlich gehofft, dass ich zu meinem ersten Geburtstag ein hübsches Halsband bekomme.»

«Interessant», sage ich. «Aber jetzt reden wir ja erst mal über den Mantel.»

«Ich habe im Netz ein fliederfarbenes mit bunten Glitzersteinen entdeckt», fährt Miss Happy ungerührt fort. «Handarbeit, versteht sich. Und stell dir vor, die passende Leine gibt es gleich dazu.»

«Will ich wissen, was das kostet?», frage ich eher mich als meinen Hund.

«Knapp zweihundert Euro», referiert Miss Happy beflissen. «Aber das ist echtes Leder. Unverwüstlich. Gibt es übrigens auch für hundert Euro mehr als Glamour-Ausgabe in Schwarz. Du siehst also, es muss für mich nicht immer gleich das Teuerste sein.»

Toll, denke ich. Was habe ich doch für einen bescheidenen Hund.

MONDSÜCHTIG

Ich erwache und höre leises Meeresrauschen durch die halb geöffnete Balkontür, was mich daran erinnert, dass wir spontan übers Wochenende an die See gefahren sind. Silbernes Mondlicht sickert durch die Vorhänge. Man könnte meinen, der Morgen würde dämmern, dabei ist es noch mitten in der Nacht.

Sabine und Emily schlafen tief und fest. Mein Blick fällt auf den Hundekorb, der neben Emilys Bett steht. Auch Miss Happy müsste jetzt schlafen, doch ihr Korb ist leer. Ich schaue mich nach ihr um.

Als ich ihre Silhouette auf dem Balkon entdecke, werfe ich mir den Bademantel über, um ebenfalls ein bisschen frische Luft zu schnappen.

Miss Happy hockt einfach nur da und schaut träumerisch in den Himmel, wo die silbergraue Scheibe des Mondes ein mattes Licht verströmt. Sie scheint mich nicht einmal zu bemerken, als ich den Balkon betrete.

Die Luft ist klar und frisch, dabei angenehm mild. Der Frühling zeigt sich von seiner besten Seite.

«Hallo, Walter.» Sie sagt es, ohne den Blick vom Himmel zu wenden.

«Hallo, Miss Happy.»

Schweigen.

«Kannst du nicht schlafen?», frage ich.

«Doch», antwortet sie. «Aber das Mondlicht hat mich geweckt. Und als ich dann gesehen habe, dass Vollmond ist, da wollte ich mir das mal aus der Nähe ansehen.»

«Ist mir noch gar nicht aufgefallen, dass du mondsüchtig bist.»

«Das sind angeblich alle Hunde, weil sie vom Wolf abstammen. Und Wölfe heulen ja bekanntlich den Mond an.»

«Stimmt», sage ich und betrachte den imposanten Sternenhimmel.

«Stimmt natürlich nicht», erwidert Miss Happy prompt. «Es ist leider ein weitverbreiteter Irrtum, dass Wölfe den Mond anheulen.»

«Aber das hast du doch gerade selbst gesagt.»

«Weil ich wissen wollte, ob du mal wieder falsch informiert bist.»

«Bin ich offensichtlich», gebe ich zu. «Und warum heulen Wölfe dann?»

«Um miteinander zu kommunizieren. Und da sie das bevorzugt nachts tun, hat sich das Gerücht verbreitet, dass sie in einer besonderen Beziehung zu diesem Himmelskörper stehen.»

«Das ist ein Ding», sage ich. «Dann interessieren sich Wölfe und Hunde also überhaupt nicht für den Mond?»

«Nicht sonderlich», sagt Miss Happy.

«Dass der Hund vom Wolf abstammt, ist aber kein Gerücht, oder?»

«Nein», antwortet sie. «Aber wir Hunde leben schon so lange bei euch Menschen, dass wir mit den Wölfen nicht mehr viel gemein haben. Nicht mehr als ihr mit euren Vorfahren. Deswegen nerven Wolfsvergleiche ein bisschen. Ich komme ja auch nicht bei jedem Baum, den ich sehe, auf die Idee, dass du vermutlich hochklettern willst, weil deine Vorfahren auf den Bäumen gelebt haben.»

«Vielleicht tust du mir unrecht, und ich bin insgeheim ein wilder und begeisterter Baumkletterer», witzele ich.

«Wenn ich sehe, wie du Treppen steigst, dann bin ich überzeugt davon, dass du überhaupt kein Baumkletterer bist», erwidert Miss Happy lässig.

«Touché», sage ich und sehe eine Sternschnuppe.

Miss Happy hat sie ebenfalls gesehen.

«Wir dürfen uns was wünschen», verkünde ich und schließe die Augen.

«Und? Was hast du dir gewünscht?», fragt Miss Happy, als ich die Augen wieder geöffnet habe.

«Das soll man eigentlich nicht verraten.»

«Also, mein Wunsch hat mit Futter zu tun», sagt Miss Happy.

«Wirklich? Wer hätte das gedacht?»

«Glaubst du eigentlich, dadraußen ist etwas?», fragt sie nach einer Kunstpause und lässt dabei ihren Blick über den Himmel schweifen.

«Was meinst du? Aliens? Oder eine Geisterwelt? Oder ein Gott?»

«Wie wäre es mit intelligenten schwarzen Hunden aus einem anderen Sonnensystem, die mit Raumschiffen herkommen, um die Menschheit zu unterjochen?»

«Ach das. Ja, so was kann ich mir durchaus vorstellen», sage ich.

«Echt jetzt?»

«Keine Ahnung. Ich weiß es nicht, aber möglich ist

alles. Was glaubst denn du? Gibt es dadraußen Leben?»

«Platz genug dafür wäre jedenfalls», sagt Miss Happy und legt den Kopf in den Nacken, als würde sie nun doch den Mond anheulen wollen. «Würdest du gern mal da hochfliegen?»

«Wäre schon interessant zu wissen, wie es da oben aussieht. Aber ich glaube, ich hätte zu große Angst, nicht wieder zurückzukommen. Und du?»

«Geht mir ähnlich. Außerdem ist es Hunden im Weltall meistens nicht gut ergangen. Ist für uns wohl besser, die Pfoten von solchen Abenteuern zu lassen.»

Ich weiß gerade nicht, was Miss Happy meint.

«Wann haben Hunde sich denn als Raumfahrer betätigt?», frage ich.

«Na, bevor ihr es getan habt» antwortet Miss Happy. «Wir und ein paar andere Tiere sollten für euch herausfinden, ob es da oben gefährlich ist. Die Antwort lautete übrigens: Überraschung! Ja, es ist saumäßig gefährlich.»

«Stimmt. Jetzt erinnere ich mich, dass ich mal einen Artikel über den ersten Hund im Weltall gelesen habe. Eine Sputnik-Mission, oder?»

«Ja. Das war Laika, ein ehemaliger Moskauer Straßenköter. Sie ist berühmt geworden als erster Hund in der Erdumlaufbahn. Leider hat sie den Ausflug nicht überlebt. Vermutlich ein Herzinfarkt, ausgelöst durch Hitze und Panik.»

«Die Arme», sage ich. «Da hat sie Pech gehabt.»

«Wie man's nimmt», antwortet Miss Happy. «Die Sowjets hatten nie vor, sie zurückzuholen. Sie sollte zehn Tage nach dem Start vergiftet werden, um nicht beim

Eintritt in die Erdatmosphäre zu verbrennen. Vielleicht hat sie also sogar Glück gehabt, weil ihr der größte Teil der Mission erspart geblieben ist. So oder so war es aber kein netter Zug, Laika als Dank für ihre Dienste um die Ecke zu bringen, finde ich.»

Ich schweige betreten, während Miss Happy ihren Gedanken nachhängt.

«Aber wie dem auch sei, jedenfalls waren wir Hunde dank eurer Hilfe dem Himmel schon nah, lange bevor ihr es wart.»

«Glaubst du an einen Hundehimmel?», frage ich.

Miss Happy wiegt skeptisch den Kopf hin und her. «Wir Hunde brauchen eigentlich keinen Himmel. Mit ein bisschen Glück bekommen wir alles, was wir uns wünschen, hier auf Erden. Schau dir mein Leben an. Ich arbeite nicht. Ich sorge mich nicht um die Zukunft. Ich habe einen Schlafplatz und genug zu fressen. Ich kann in der Sonne dösen, wann immer es mir passt, und ich finde meistens jemanden, der mit mir spielt. Was soll da im Paradies noch besser werden? – Glaubst du an den Himmel?»

«Ich weiß nicht», antworte ich vage.

«Weißt du nicht, ob du dran glauben sollst, oder weißt du nicht, ob es diesen Ort wirklich gibt?»

«Beides», antworte ich. «Aber ich halte es zumindest für möglich, dass eine andere Sphäre existieren könnte.»

Miss Happy schweigt eine Weile und betrachtet die Sterne.

«Falls es diesen Ort wirklich geben sollte, dann könntet ihr mich ja vielleicht mitnehmen.» Es klingt, als würde sie sich nicht aufdrängen wollen.

«Logisch», antworte ich. «Natürlich kommst du mit uns in den Himmel.»

Sie scheint nicht überzeugt. «Glaubst du, da sind Hunde erlaubt?»

Ich muss lächeln. «Bestimmt.»

«Denkst du das wirklich, oder willst du mich nur beruhigen? Ich meine, bei deinem Metzger darf ich auch nicht in den Laden. Und da bist du ein sehr guter Kunde. Wer ist denn überhaupt für das Paradies zuständig? Ich meine, vielleicht muss man sich da frühzeitig erkundigen.»

«Mach dir keine Sorgen», sage ich. «Wenn es einen Himmel gibt, dann sind Hunde da ganz bestimmt erlaubt. Sogar ohne Leine.»

«Ohne Leine?» Miss Happy macht große Augen. «Cool.»

SOZIALE NETZWERKE

Miss Happy begrüßt mich mit den Worten: «Hat es eigentlich einen Grund, dass du nicht auf meine Freundschaftsanfrage reagierst?»

«Keine Ahnung, wovon du sprichst», antworte ich.

«Ich habe dir vor mehreren Wochen eine Freundschaftsanfrage geschickt», erklärt sie. «Auf Facebook.»

«Seit wann bist du auf Facebook?»

«Schon ewig», antwortet sie lapidar. «Ich glaube, das hat noch vor Twitter und Instagram angefangen.»

«Bei Twitter und Instagram bist du auch?» Offenbar habe ich völlig falsche Vorstellungen davon, was unser Hund tagsüber so alles treibt.

«Ja. Wäre doch auch langweilig, den ganzen Tag nur vor Netflix abzuhängen, oder? Ich meine, irgendwann kennt man ja alle Serien auswendig.»

«Was machst du sonst noch so im Internet?», frage ich argwöhnisch. «Ich meine, gibt es da irgendwelche Aktivitäten, von denen ich wissen sollte?»

«Was denn für Aktivitäten?», fragt sie verdutzt.

«Keine Ahnung, aber ich möchte nicht, dass eines Tages die Polizei vor der Tür steht, weil du dich auf dubiosen Webseiten herumgetrieben hast.»

Sie macht große Augen. «Was denn für dubiose Webseiten, Walter?»

«Was weiß ich? Dubiose Webseiten halt. Das Internet ist voll von halbseidenen und kriminellen Typen. Mit jedem Klick kann es dir passieren, dass du über den Tisch gezogen wirst.»

Miss Happy sieht mich verunsichert an. «Wirklich? So gefährlich habe ich das bislang gar nicht eingeschätzt. Und wie kann man sich schützen?»

«Indem man nicht wahllos in den sozialen Netzwerken herumsurft», predige ich. «Genau da warten Abzocker und Betrüger nämlich nur darauf, leichtgläubige Opfer in die Falle zu locken.»

Miss Happy sieht mich an, als müsste sie erst verdauen, was ich ihr gerade gesagt habe. Dann jedoch heben sich ihre Lefzen langsam zu einem dreckigen Grinsen. «Du bist echt witzig, Walter.»

Ich stutze. «Weil ich dich vor den Gefahren des Internets warne?»

Sie schnauft belustigt. «Nein, weil du keine Ahnung von der Materie hast, dich hier aber trotzdem als Cyberpolizist aufspielst.»

«Hey! Ich will dich nur vor unliebsamen Überraschungen bewahren. Ich kenne die Probleme, seit Emily sich für Computer interessiert.»

«Aha.» Miss Happy sieht mich durchdringend an. «Und geht es dir gerade um mich? Oder sorgst du dich vorwiegend um deine Tochter?»

Ich schweige ertappt.

«Es geht also um Emily», kombiniert Miss Happy.

«Ja, es geht auch um Emily», gebe ich zu. «Sie ist neun, und sie wünscht sich schon länger ein Smartphone. Online ist sie längst, mit einem Smartphone wird

sie es ständig sein. Keine Ahnung, wo sie dann herumsurft.»

«Aber glaubst du wirklich, du kannst ihr die sozialen
Netzwerke ausreden, wenn du ihr Spukgeschichten von
Abzockern und Betrügern erzählst?»

«Na ja ... Vermutlich nicht.»

«Ganz sicher nicht», konstatiert Miss Happy. «Emily
wird ruck, zuck merken, dass du nicht weißt, wovon du
redest. Kinder haben es sofort spitz, wenn man ihnen
Märchen erzählt.»

Es passt mir zwar überhaupt nicht, von meinem
Hund zurechtgewiesen zu werden, aber leider hat sie
in diesem Fall den Nagel auf den Kopf getroffen. Wer
wie ich in den Siebzigern und damit ohne Internet und
Handy aufgewachsen ist, wird wohl nie ganz verstehen, warum Menschen der Welt mitteilen müssen, dass
sie gerade beim Friseur sitzen oder wie ihr Essen aussieht.

«Stimmt, ich mache mir Sorgen um Emily», gebe
ich zu. «Und ich bin im Gegensatz zu dir nicht nur ein
Stümper, was soziale Netzwerke betrifft, sie interessieren mich auch nicht die Bohne.»

«Zum Glück bin ich dafür prädestiniert», erwidert
sie. «Wenn du ein Hunderudel verstehst, dann weißt du
auch, wie soziale Netzwerke funktionieren.»

Das leuchtet ein, denke ich. Außerdem hat Miss Happy nahezu unbegrenzt Zeit, das Internet in aller Ruhe zu
studieren. «Vielleicht solltest du ein Start-up gründen,
das alten Säcken wie mir hilft, das Internet zu verstehen.
Du wärst bestimmt eine sehr erfolgreiche Internetunter-
nehmerin.»

«Bin ich längst», antwortet Miss Happy lässig. «Allerdings verfolge ich keine kommerziellen Interessen mit meinen Dienstleistungen.»

«Was denn für Dienstleistungen?», frage ich verdattert.

«Ich betreibe zum Beispiel ein Forum für Hundebesitzer, die sich über Fragen zur Kommunikation zwischen Mensch und Tier austauschen möchten. Das ist ein sehr erfolgreicher Service. Ich chatte fast täglich mit Leuten aus ganz Deutschland, um ihnen Tipps zu geben.»

«Habe ich das richtig verstanden? Du hilfst Hundebesitzern, ihre Hunde zu verstehen?»

«Ja. Das klappt doch inzwischen bei uns auch ganz gut, oder? Außerdem mache ich das natürlich nicht allein. Wir sind etwa' zwanzig Hunde, die sich ehrenamtlich im Chat abwechseln.»

«Wie? Heißt das, es existieren noch andere sprechende Hunde?»

Miss Happy entblößt ihre schneeweißen Zähne zu einem breiten Lächeln. «Ich verrate dir jetzt ein Geheimnis, Walter. Die Wahrheit ist, alle Hunde können sprechen. Ist ja auch kein Wunder. Seit zigtausend Jahren leben wir mit euch zusammen. Es war also abzusehen, dass wir uns irgendwann eure Sprache aneignen würden.»

«Aber warum sprechen dann nicht alle Hunde mit ihren Menschen?», frage ich. «Warum bist du eine Ausnahme?»

«Bin ich gar nicht. Glaubst du, du wärst der einzige Mensch, der seinen Hund dabei erwischt hat, wie er mit dem Sprachassistenten redet?»

Mir geht ein Licht auf. «Aber niemand hängt das an die große Glocke. Wir beide tun das ja auch nicht.»

Miss Happy nickt. «Ganz genau. Hunde möchten gern ihre Ruhe haben, deswegen halten wir uns raus. Haben wir schon immer getan. Es reicht ja auch, wenn die Menschen sich die Köpfe heiß reden. Und wie man sieht, hat euch das ganze Gerede auch nicht so wahnsinnig viel gebracht.»

«Aber in deinem Forum, da wird doch auch gequatscht», wende ich ein.

«Ja, aber die Sache sieht völlig anders aus, wenn man anonym bleiben und jederzeit aussteigen kann. Das wiederum finden fast alle Hunde interessant.»

«Verstehe. Das Internet ist also voll von Hunden, die sich langweilen und das Glück haben, daheim einen Sprachassistenten herumkommandieren zu können», scherze ich.

«Ganz genau», erwidert Miss Happy.

«Wie? Das stimmt?», frage ich bestürzt. «Ich dachte immer, das Internet wäre voll von künstlichen Intelligenzen, die sich in Chats und Foren als Menschen ausgeben, um echte Menschen zu beeinflussen. Und schon das finde ich merkwürdig.»

«Auch da ist was dran», erklärt Miss Happy. «Diese künstlichen Intelligenzen gibt es auch noch. Man nennt sie Chatbots.»

«Wenn ich chatte, dann weiß ich also nicht, ob ich gerade mit einem echten Menschen, einem Roboter oder einem Haustier rede?»

Miss Happy nickt. «Und wer weiß, was noch alles passiert? Vielleicht mischen bald Aliens und smarte

Haushaltsgeräte in der Diskussion mit. Im Grunde ist es wie im richtigen Leben: Du weißt nicht, was kommt, aber du kannst es auch nicht verhindern. Also musst du dich damit arrangieren.»

«Das leuchtet ein», sage ich. «Aber es klingt auch ein bisschen besorgniserregend.»

«Redest du von dir oder schon wieder von Emily?»

«Vielleicht kannst du mir ihretwegen ein paar Tipps geben.»

«Hast du nicht eben gesagt, soziale Netzwerke interessieren dich nicht die Bohne?»

«Meiner Tochter zuliebe würde ich mich überwinden.»

«Wie oft schaust du denn momentan in deinen Facebook-Account?»

«Selten», antworte ich. «Sehr selten.» Nach kurzem Überlegen füge ich hinzu: «Eigentlich nie.»

«Das erklärt immerhin, warum du Freundschaftsanfragen deines Hundes wochenlang unbeantwortet lässt. Wie viele Freunde hast du eigentlich?»

«Sechs. Oder inzwischen sogar sieben.»

«Was? Siebenhundert oder siebentausend?»

«Sieben Freunde», antworte ich. «Wenn ich deine Freundschaftsanfrage beantwortet habe, dann sind es sogar schon acht.»

Miss Happy sieht mit durchdringend an. «Walter, ich möchte dir nicht zu nahe treten, aber du bist als sozialer Netzwerker eine totale Niete. Ich glaube, du würdest Emily mehr schaden als nützen.»

«Das habe ich befürchtet», antworte ich. «Aber vielleicht kann ich das ja mit deiner Hilfe ändern.»

Sie wiegt skeptisch den Kopf hin und her. «Schwierig.»

«Wäre es denn vielleicht möglich, dass du dich ein wenig um Emily kümmerst?», frage ich kleinlaut.

Miss Happy macht große Augen. «Wie soll das gehen?»

«Wenn du dich mit ihr inkognito befreunden würdest, dann …»

«Ich soll Emily bespitzeln?»

«Bespitzeln klingt gleich so negativ», entgegne ich. «Ich will ja gar nicht im Detail wissen, was sie im Internet so alles treibt, ich möchte nur, dass jemand auf sie achtet. Jemand, der einschreiten kann, falls Gefahr droht.»

Miss Happy überlegt.

«Bitte», sage ich flehentlich. «Du würdest mir sehr helfen.»

«Okay», sagt Miss Happy. «Ich bin Lucy, ich bin im selben Alter wie Emily, und ich lebe im Rahmen eines Schüleraustausches in Kalifornien.»

«Das ist eine super Idee», lobe ich. «Emily will später auch mal für ein Jahr nach Kalifornien gehen.»

«Deswegen hat sie sich ja auch mit mir befreundet», erwidert Miss Happy.

«Ähm, wie jetzt?» Ich bin verdattert. «Ihr seid schon befreundet?»

«Seit ein paar Wochen», erwidert Miss Happy. «Ich dachte, auf diese Weise hätte ich Emily ganz gut im Blick. Und das ist auch so.»

Ich bin immer noch baff. «Du passt längst auf sie auf?»

«Klar passe ich auf sie auf», erwidert Miss Happy. «Was wäre ich denn für ein Hund, wenn ich nicht auf meine Familie aufpassen würde?»

WUNSCHKONZERT

Weißt du, was eine Bucket List ist?», fragt Miss Happy.

«Glaub schon», antworte ich. «So eine Art Wunschliste, oder? Man schreibt auf, was man noch sehen und erleben möchte, bevor man stirbt.»

«Ganz genau», sagt Miss Happy. «Die Bucket List kommt von dem Ausdruck Kick the Bucket. Und das heißt so viel wie: den Löffel abgeben.»

«Was du alles weißt», sage ich. «Toll. Wieder was gelernt.»

«Ich habe gestern den gleichnamigen Film mit Jack Nicholson und Morgan Freeman gesehen und anschließend Alexa gefragt. Sonst hätte ich das auch nicht gewusst», gesteht Miss Happy.

Weil sie ahnt, dass ich fragen werde, was der Film gekostet hat, fügt sie rasch hinzu: «Den konnte man übrigens gratis schauen.»

«Das freut mich», sage ich. Miss Happys Versuch, mir eine Filmbibliothek fürs Alter aufzubauen, sprengt in manchen Monaten den finanziellen Rahmen. Deshalb freue ich mich immer, wenn sie kostengünstige oder sogar kostenlose Fernsehabende verbringt.

«Ich habe ihn dir anschließend aber trotzdem für deine Filmbibliothek gekauft», fügt sie hinzu. «Der ist schon jetzt ein Klassiker, den muss man einfach haben.»

Ich seufze.

«Apropos Bucket List. Was steht eigentlich auf deiner?», fragt sie.

«Dank dir brauche ich vermutlich keine», sage ich. «Zum einen muss ich als Ruheständler von morgens bis abends Filme schauen, wenn ich meine Bibliothek abgearbeitet haben will, bevor ich den Löffel abgebe. Zum anderen kann ich mir im Alter sowieso keine Reisen leisten, weil du den Großteil meines Geldes in diese Filmbibliothek investiert hast.»

Miss Happy überhört den Vorwurf. «Jetzt mal ohne Quatsch, Walter. Hast du wirklich keine Bucket List?» In ihrer Stimme schwingt Empörung mit.

«Ganz ohne Quatsch: Ich habe wirklich keine Bucket List. Ich würde gern spontan entscheiden, was ich tue oder lasse. Eine Liste abzuarbeiten, finde ich einerseits sehr stressig und andererseits etwas eintönig.»

«Das siehst du ganz falsch. Der Sinn dieser Liste ist nicht, dass man sie stoisch abarbeitet», erklärt Miss Happy. «Es geht eher darum, sich bewusst zu machen, was man noch vom Leben erwartet. Ob das dann gelingt, steht auf einem ganz anderen Blatt.»

«Okay, da könnte was dran sein», gebe ich zu. «Ehrlich gesagt habe ich das noch nie so betrachtet.»

«Siehst du, es wäre also auch für dich sinnvoll, so eine Bucket List zu machen.»

«Na, schön. Ich denk mal drüber nach», sage ich. Ich bin immer noch nicht überzeugt davon, dass ich eine Bucket List brauche, möchte die Diskussion aber beenden, damit ich in Ruhe meinen Espresso trinken kann.

«Weißt du was? Ich werde dir dabei helfen», verspricht Miss Happy.

«Nicht nötig», erwidere ich rasch. «Ich kriege das schon allein hin.»

«Mach ich aber gern», beharrt sie. «Also: Wenn du drei Orte aufschreiben müsstest, die du dir unbedingt noch ansehen möchtest, bevor du den Löffel abgibst, welcher würde auf Platz eins stehen?»

Ich zucke mit den Schultern. «Tja, da fangen die Probleme schon an. Es gibt deutlich mehr als drei schöne Fleckchen auf der Erde, die ich mir gern noch ansehen würde.»

«Aber welcher Ort ist für dich die Nummer eins auf der Liste?», hakt Miss Happy nach.

Wieder zucke ich mit den Schultern. «Keine Ahnung. Ich kann dir nicht sagen, ob es mir zum Beispiel wichtiger ist, den Grand Canyon zu sehen oder die Chinesische Mauer. Außerdem interessieren mich diese Hot Spots meistens weniger als die Länder selbst. Ich würde beispielsweise gern mal nach Indien reisen, aber nicht um das Tadsch Mahal von meiner Bucket List streichen zu können. Wenn ich sowieso in der Nähe wäre, würde ich es mir wohl ansehen. Aber es wäre nicht der Hauptgrund für meine Reise.»

«Indien ist ein guter Start für deine Liste», sagt Miss Happy. «Alexa? Lege eine Bucket List für Walter an und setze Indien darauf.»

Unser digitaler Sprachassistent bestätigt, dass ich jetzt auch eine Bucket List habe, deren erster und einziger Eintrag «Indien» lautet. Ob mir das hilft, Prioritäten zu setzen, wenn ich eines Tages mal nicht weiß, wohin ich verreisen soll, steht in den Sternen.

«Gute Wahl», lobt Miss Happy. «Und ein witziger Zufall. Indien steht nämlich auch auf meiner Bucket List.»

«Was willst du denn in Indien?», frage ich erstaunt.

«Im Ganges schwimmen», antwortet Miss Happy. Ihr Tonfall lässt die Frage mitschwingen: Was könnte ich wohl sonst da wollen?

«Das solltest du dir aber noch mal überlegen», rate ich. «Der Ganges gehört zu den schmutzigsten Flüssen der Welt. Wenn du Pech hast, dann holst du dir eine Arsen-, Blei- oder Quecksilbervergiftung, die im schlimmsten Fall tödlich sein kann. Vielleicht nimmst du den Ganges also sicherheitshalber als letzten Punkt auf deine Bucket List.»

Miss Happy überlegt kurz, dann sagt sie: «Alexa? Streich bitte den Ganges von meiner Bucket List.»

Unsere Sprachassistent tut, worum Miss Happy sie gebeten hat.

«Weiter geht's mit deiner Liste», sagt sie. «Welches Land steht an Nummer zwei?»

«Ich habe nicht gesagt, dass Indien meine Nummer eins ist», erwidere ich.

«Dann sag mir doch einfach, was für dich an erster Stelle steht.»

«Das weiß ich ja eben nicht. Was ist mir dir? Was ist für dich die Nummer eins?»

«Na, bis eben stand da noch: Schwimmen im Ganges. Aber weil ich das gerade gestrichen habe, lautet die neue Nummer eins: Schwimmen im Amazonas.»

Ich nicke beeindruckt.

«Was ist? Nicht gut?», fragt Miss Happy.

«Auch nicht ganz ungefährlich», antworte ich. «Es gibt dort Anakondas, Stachelrochen, Kaimane und Piranhas. Außerdem kann man sich mit diversen Krankheiten infizieren.»

«Alexa?», ruft Miss Happy. «Streich bitte den Amazonas von meiner Bucket List.»

Sie überlegt. «Dann lautet die neue Nummer eins: Schwimmen im Hudson River. Oder gibt es da auch einen Haken?»

«Nein. Im Hudson kannst du schwimmen. Völlig ungefährlich ist auch das nicht, aber verglichen mit dem Ganges oder dem Amazonas sehe ich beim Hudson keine Probleme. Und New York ist immer eine Reise wert. Ich würde dieser Stadt gern auch noch mal einen Besuch abstatten. Ich war zwar schon mal da, aber das ist lange her.»

Miss Happy freut sich.

«Setz das doch auf deine Bucket List», schlägt sie vor. «Dann können wir das zusammen machen.»

«Ehrlich gesagt habe ich nicht vor, im Hudson River zu schwimmen. Ich würde eher aus anderen Gründen nach New York reisen. Außerdem wundert mich deine Wahl. Du magst doch keine Flugreisen.»

«Das stimmt», sagt Miss Happy. «Die Wahrheit ist, ich hatte gehofft, dass auf deiner Bucket List eine Weltumsegelung stünde. Dann könntest du mich einfach mitnehmen, und ich würde ab und zu mal ein Bad nehmen und ganz nebenbei meine eigene Liste abarbeiten.»

Ich bin verwirrt. «Moment mal, das hört sich an, als

würde deine Bucket List aus lauter Schwimmveranstaltungen bestehen.»

«So ist es ja auch», sagt Miss Happy. «Für einen Labrador Retriever gibt es neben Fressen und Spielen nur eine weitere Lieblingsbeschäftigung, und das ist Schwimmen. Aber keine Sorge, wenn wir in New York sind, dann nehme ich mir selbstverständlich Zeit dafür, mit dir ein paar Bälle im Central Park zu werfen.»

«Das ist sehr nett von dir», antworte ich. «Und für irgendwas muss sich unsere Atlantiküberquerung ja gelohnt haben.»

Miss Happy nickt. «Genau. Wobei wir ohnehin in diese Richtung müssen, weil ich ja danach im Golf von Mexiko und im Karibischen Meer planschen möchte.»

«Klingt gut», sage ich. «Und wo wolltest du sonst noch so ein paar Bahnen ziehen?»

«Ach, eigentlich überall, wo es schön ist», antwortet Miss Happy. «Im Indischen Ozean, in der Tasmanischen See, am Great Barrier Reef.»

Ihre Aufzählung bringt mich ins Grübeln. Eine Weltumsegelung? Es kommt mir vor, als hätte ich das vor langer Zeit tatsächlich mal ins Auge gefasst. «Alexa? Streich Indien und setze auf meine Bucket List eine Weltumsegelung mit meiner Familie und unserem Hund.»

Miss Happys Kopf schnellt hoch. «Das ist ja cool.»

Ich nippe zufrieden an meinem Espresso. «Ja, finde ich auch.»

NEXT BIG THING

L ass uns ein Start-up gründen», schlägt Miss Happy vor. «Ich hab eine supersmarte Idee, die wie eine Rakete abgehen und uns zum Global Player machen wird. Mit meinem Grips und deinem Geld können wir alles schaffen.»

«Welches Geld?», frage ich verdutzt.

«Ich dachte, du hast Geld. Hast du etwa keins?»

«Doch. Aber nicht viel. Eigentlich sehr wenig.»

«Wie viel ist es denn?»

«Jedenfalls bei weitem nicht genug, um meinen Job an den Nagel zu hängen und ein Start-up aufzumachen. Außerdem geht es bei Internetfirmen ja immer gleich um viele Millionen Dollar. Heutzutage kann man ja nicht einfach ein Geschäft gründen, man muss auch die Weltherrschaft an sich reißen wollen, und das ist teuer.»

«Verdammt. Dass du kein Geld hast, ist echt blöd», sagt Miss Happy ungehalten. «Damit hatte ich nicht gerechnet. Aber egal, wir werden schon irgendwo welches auftreiben. Bis dahin kannst du ja zunächst mal deine Arbeitsleistung in unsere Firma einbringen.»

«Meine … Arbeitsleistung», wiederhole ich ungläubig.

«Ja. Du bist zuständig für die Akquise von Risikokapital, für Personal, Produktion, Einkauf, Vertrieb und Buchhaltung.»

«Aha. Und was bleibt dann noch für dich zu tun?»

«Ich liefere Ideen. Und ich bin nicht nur das Herz unserer Firma, sondern auch ihr Gesicht. Ohne mich würde es *Happy Schmatz* ja überhaupt nicht geben. Deshalb kriege ich übrigens auch mehr Anteile als du.»

«*Happy Schmatz*, aha.» Ich nippe an meinem Espresso und werde das Gefühl nicht los, dass mein Hund mich über den Tisch ziehen will. «Du bekommst also mehr Anteile, obwohl ich die Hauptarbeit machen muss?»

«Wer sagt denn, dass du das allein stemmen sollst?», fragt Miss Happy.

«Wir können uns keine Mitarbeiter leisten», halte ich ihr entgegen. «Wie sollen wir die bezahlen?»

«Wir könnten Praktikanten einstellen», schlägt Miss Happy vor. «Versprich ihnen einfach Anteile von deinem Aktienpaket.»

«Wieso von meinem? Wieso nicht von deinem?»

«Weil du dich ums Personal kümmerst», blafft Miss Happy. «Wenn du schon kein Wagniskapital auftreibst, dann sorge wenigstens dafür, dass nicht die ganze Arbeit an mir hängenbleibt.»

Ich nippe erneut an meinem Espresso und fühle mich nun von meinem Hund auch noch unter Druck gesetzt. «Ich glaube, dein Angebot muss ich mir erst einmal in Ruhe durch den Kopf gehen lassen.»

«Ist okay, Walter. Nimm dir Zeit, aber warte nicht zu lange. In einer vernetzten Welt sprechen sich brillante Konzepte in Windeseile herum. Und bestimmt gibt es noch andere High Potentials, die liebend gern ein Teil der strahlenden Zukunft von *Happy Schmatz* werden möchten.»

«Hat dein Start-up eigentlich bereits einen Business-plan oder wenigstens so etwas wie ein Geschäftsmo-dell?», frage ich.

«Das Geschäftsmodell habe ich im Kopf, um den Businessplan würdest du dich kümmern», erwidert Miss Happy forsch. Es klingt, als müsste ich ihr dank-bar dafür sein, dass sie mir auch diese Arbeit noch auf-halst.

«Weißt du, ich sehe uns momentan noch in der Seed-Phase», verkündet sie hochnäsig. «Aber wenn du dich ein bisschen ins Zeug legst, dann halte ich einen Roll-out noch in diesem Sommer für absolut realistisch. Wir könnten das Herbstgeschäft mitnehmen und damit unsere Produkte für Weihnachten in Position bringen. Ich habe die Vision, dass jeder Hund *Happy Schmatz* auf seinem Gabentisch findet. Und das weltweit. Global. Bam!»

«Hört sich toll an», sage ich. «Von welchem Produkt reden wir eigentlich?»

Miss Happy zieht die Lefzen zu einem Lächeln hoch. «Gute Frage, Walter. Ganz direkt. Ganz offen. So was gefällt mir. Du willst also wissen, was das Geheimnis unseres Erfolges ist?»

«Ja. Auch für den Businessplan wäre das gar nicht schlecht», antworte ich.

«Gut, halt dich fest.» Sie macht eine Kunstpause. «Pfotenfood.»

«Pfotenfood?», wiederhole ich ratlos.

Sie nickt. «Pfotenfood ist das Pendant zum Fingerfood: kleine, feine Snacks für den Hund und die Hündin von Welt.»

«Pfotenfood.»

«Genau.»

«Und bei welcher Gelegenheit wird dieses Pfotenfood angeboten? Ich meine, Hunde geben schließlich keine Partys oder Empfänge, auf denen Studentenhunde Häppchen herumtragen, damit die Gasthunde sich stärken können.»

«Ach, Pfotenfood passt immer», erklärt Miss Happy aufgekratzt. «Ob morgens, mittags oder abends. Ob zur Belohnung, zur Motivation, als Betthupferl oder einfach nur als Genusshappen für zwischendurch.»

«Ehrlich gesagt klingt das, als hättest du das Leckerli erfunden.»

«Das ist einerseits richtig, andererseits aber auch falsch», erwidert Miss Happy. «Wir bewegen uns zwar mit *Happy Schmatz* auf dem milliardenschweren Markt der Hundesnacks, aber unsere Produkte sind überhaupt nicht mit herkömmlichen Leckerlis zu vergleichen. Das wäre so, als würde man behaupten, dass Ferrari ein Autohersteller ist.»

«Ferrari ist ein Autohersteller, und du willst mit deinem Start-up Hundeleckerlis verkaufen», fasse ich zusammen.

«Walter! Wir produzieren keine Leckerlis, sondern Gourmetsnacks für allerhöchste Ansprüche», widerspricht Miss Happy vehement.

«Aber die gibt es längst. Man kann sie an jeder Ecke kaufen. Sie heißen Leckerlis, und sie sind in allen Formen, Farben und Geschmacksrichtungen erhältlich.

Glaub es mir, ich kenne die einschlägigen Kataloge und Internetseiten. Immerhin bestelle ich ja auch für dich ab und zu Leckerlis.»

Miss Happy schnauft genervt, dann sagt sie: «Vielleicht liegt hier ja unser kleines Missverständnis. Ich rede nicht von den Huhn- und Entenleckerlis, die du mir manchmal mitbringst. Versteh mich nicht falsch, die sind zwar gut, aber es sind eben keine Gourmetsnacks, wie ich sie mir vorstelle.»

«Ich glaube, so langsam geht mir ein Licht auf», sage ich. «Ist es möglich, dass du die Qualitätskontrolle bei *Happy Schmatz* höchstpersönlich übernehmen wirst, damit du alle Kreationen unseres Hauses ausgiebig probieren und beurteilen kannst?»

«Das ist absolut richtig, Walter. Anspruchsvolle Kunden kann man nämlich nur zufriedenstellen, wenn man selbst äußerst anspruchsvoll ist.»

«Aha. Und was schwebt deinem Gourmetgaumen vor? Zartes Hühnchen mit Banane? Pferdefleisch mit Süßkartoffeln? Feine Entenbrustfilets? Oder Lamm mit Milchreis und einem Hauch Knoblauch?»

Miss Happy nickt beeindruckt. «Nicht schlecht, Walter. Wo nimmst du denn plötzlich solche Ideen her? Hätte ich dir ja gar nicht zugetraut.»

«Die habe ich aus dem Hundefutterkatalog, der gestern in der Post war.»

Ich sehe, dass Miss Happy die Gesichtszüge entgleiten.

«Heißt das etwa, das gibt es schon alles?», fragt sie bass erstaunt.

«Allerdings. Und nicht nur das. Du kannst auch Truthahnwurst, Hirschherzen und Wildschweinknochen kaufen. Selbst Kamel, Antilope und Känguru sind im Angebot. Es gibt Lachs mit Erdbeere, Wild mit Cranberries und zum Nachtisch Johannisbrotbrezeln oder Konfekt mit Seetang.»

Ich bemerke, dass Miss Happys Maul weit offen steht. Es hat ihr die Sprache verschlagen, und das passiert nicht oft.

«Tut mir leid», sage ich in versöhnlichem Tonfall. «Vielleicht hättest du im Vorfeld selbst ein bisschen im Internet recherchieren sollen.»

Immer noch hockt sie da wie vom Donner gerührt.

«Die gute Nachricht lautet: Wir vergeuden keine Zeit mit einer Idee, die es längst gibt», versuche ich sie zu trösten. «Das ist doch auch was, oder?»

Ich sehe, dass sich ihr Gesicht verdüstert.

«Was ist los?», frage ich. «Habe ich was Falsches gesagt?»

«Darf ich vielleicht erfahren, warum ich noch nie so ein Gourmet-Leckerli von dir bekommen habe?» Sie klingt verbittert.

«Ähm …» Jetzt bin ich es, dem die Worte fehlen.

«Ich habe nur deshalb auf eine Internetrecherche verzichtet, weil ich nicht im Traum dran gedacht hätte, dass du mir absichtlich wundervolle Köstlichkeiten vorenthältst. Was habe ich dir getan, Walter? Warum kriegen alle anderen Hunde Wild mit Cranberries und Konfekt mit Seetang, nur ich nicht?»

«Ich glaube nicht, dass alle anderen Hunde so was bekommen. Außerdem habe ich gedacht, du würdest dir nichts daraus machen.»

«Das ist eine superbillige Ausrede», faucht Miss Happy. «Du weißt ganz genau, dass Fressen eines meiner liebsten Hobbys ist.»

«Um ehrlich zu sein, finde ich es außerdem dekadent, Hunde mit Feinkost zu füttern», füge ich hinzu.

«Das kann ich verstehen», sagt Miss Happy. «Aber das hättest du mir sagen müssen. Ich meine, ich habe dich in meine Firma geholt. Ich wollte dir Reichtum und ein sorgenfreies Leben ermöglichen. Und jetzt erfahre ich, dass du mich die ganze Zeit hintergangen hast.» Miss Happy wendet sich zu ihrem Körbchen. «Das ist nicht fair, Walter. Und das weißt du auch.»

Ohne mich noch eines weiteren Blickes zu würdigen, legt sie sich hin und blickt schmollend in den Garten.

«Okay, ich hätte es dir erklären sollen», gebe ich zu.

Schweigen.

«Tut mir leid.»

Schweigen.

«Wie wäre es, wenn ich dir ein paar von diesen Luxus-Hundesnacks bestellen würde?»

Schweigen.

«Um meinen Fehler wiedergutzumachen. Dann könntest du sie wenigstens mal probieren.»

Sie hebt den Kopf, blickt in den Garten und scheint zu überlegen.

«Wären da auch das Konfekt mit Seetang und der Lachs mit Erdbeeren dabei?», fragt sie, ohne mich anzuschauen.

«Mit Sicherheit», antworte ich.

«Na gut», sagt sie gnädig und lässt den Kopf wieder auf die Vorderpfoten sinken, was für mich wohl heißt, dass die Audienz beendet ist.

«Fein, dann machen wir es so», sage ich und freue mich, dass wir den Streit beigelegt haben. Am Ende bin ich von meinem Hund zwar doch noch über den Tisch gezogen worden, aber wenigstens bleibt es mir erspart, für ihn zu arbeiten.

SPORTSFREUNDE

O kay. Ich schlage vor, du fängst an», sage ich. «Schieß los.»

Vor mir auf dem Küchentisch stehen eine randvolle Tasse Espresso und ein großes Glas Wasser. Ich halte einen Spickzettel bereit, auf dem notiert ist, was ich mir für die nun folgende Verhandlung überlegt habe.

«Nein. Lieber du zuerst», erwidert Miss Happy. Sie hat sich gerade ausgiebig gedehnt und gestreckt. Nun hockt sie vor ihrem Körbchen und mustert mich erwartungsvoll.

Miss Happy und ich haben vor, uns künftig einmal pro Woche gemeinsam sportlich zu betätigen. Sie, weil sie ihre schlanke Linie behalten will. Ich, weil ich meine wiederzufinden hoffe. Völlig unklar ist noch, welchen Sport wir machen werden, weshalb Miss Happy diverse TV-Beiträge gesichtet hat und ich ein Buch zum Thema gelesen habe.

«Gut. Was hältst du von Agility?», schlage ich vor und hake den Begriff auf meiner Liste ab.

Miss Happy schüttelt ungläubig den Kopf. «Du erwartest, dass ich mit heraushängender Zunge durch einen Parcours hetze, während du gelangweilt danebenstehst und mir sinnlose Zeichen gibst?»

«Also in meinem Buch klang das nicht so negativ.»

«Vergiss es einfach, Walter. Außerdem kann ich beim besten Willen nicht erkennen, wo du dich da sportlich betätigen würdest.»

«So wie ich das verstanden habe, laufen die Menschen mit ihren Hunden durch den Parcours», erwidere ich. «Zumindest teilweise.»

«Teilweise. So, so. Wenn du laufen möchtest, dann lass uns Canicross machen», schlägt Miss Happy vor. «Das ist so eine Art Waldlauf, bei dem Hund und Halter mit einer flexiblen Leine und speziellen Geschirren aneinandergebunden werden. Das Gute daran ist, dass ich dich ziehen und dir somit beim Laufen helfen kann.»

«Ich habe nicht gesagt, dass ich laufen will», stelle ich klar.

«Wir könnten ja auch mit leichtem Joggen beginnen», lockt Miss Happy.

«Ich befürchte, selbst leichtes Joggen ist mir zu hart. Wie du unschwer erkennen kannst, habe ich nicht die Konstitution eines Dauerläufers. Vermutlich müsstest du mich dehydriert über die Ziellinie zerren.»

«Heißt das, du möchtest gleich alle Aktivitäten, die mit Laufsport zu tun haben, von unserer Liste streichen?», fragt Miss Happy missmutig.

«Nein. Wir könnten wandern. Was hältst du davon?»

«Ist das jetzt eine andere Bezeichnung für die Spaziergänge, die wir sowieso regelmäßig unternehmen, oder meinst du Dogtrekking?»

Der Begriff ist mir bei meinen Recherchen nicht untergekommen, deshalb antworte ich leichtfertig: «Also ich finde, Dogtrekking klingt gut.»

«Alle Achtung», erwidert Miss Happy. «Als du gerade gesagt hast, dass dir selbst leichtes Joggen zu hart ist, da hätte ich nicht erwartet, dass du dich stattdessen fürs Weitwandern begeistern würdest.»

«Ich zweifele ebenfalls daran, dass ich Weitwandern zu meinem Hobby machen will. Dogtrekking, das klang nach Abenteuerurlaub. Weitwandern klingt wie Grundwehrdienst.»

«Du weißt überhaupt nicht, was Dogtrekking ist», stellt sie fest.

«Leider nein», gebe ich zu.

«Dogtrekking nennt man Wanderungen ab einer Distanz von 80 Kilometern», erklärt sie. «Das unterscheidet es vom Doghiking, wo man kürzere Distanzen bewältigt, oft sind das Tagestouren von etwa 50 Kilometern. Möchtest du vielleicht, dass wir es erst einmal mit Doghiking versuchen?»

«Wie klein sind denn die kleinsten Touren beim Doghiking?», frage ich.

«Keine Ahnung. Zwanzig Kilometer? Zehn Kilometer?»

«Gehen auch fünf?», versuche ich mein Glück.

«Ja. Vermutlich kann man auch nur eine Runde ums Haus drehen», spottet sie. «Das nennt sich dann aber nicht Doghiking, sondern eine Runde ums Haus drehen.»

«Vielleicht ist das alles nicht mein Ding», sage ich entschuldigend.

«Ja. Lassen wir es einfach», entscheidet sie. «Du willst offensichtlich weder laufen noch wandern. Wir müssen uns also was anderes suchen.»

«Weißt du, wenn du gern größere Touren machen

würdest, dann könnte ich aufs Fahrrad umsteigen», schlage ich vor. «Was hältst du denn davon? Das kann man ja auch mit Trikes oder Scootern machen, habe ich gelesen.»

«Ich weiß», sagt Miss Happy. «Diese Fahrten mit überdimensionalen Dreirädern und geländegängigen Rollern, richtig?»

«Genau.»

«Das sind übrigens zwei der vielen Varianten des Hundeschlittenrennens», erklärt sie. «Letztlich kann man seinen Hund ja so ziemlich vor jedes Gefährt spannen.»

«Eben», sage ich. Und denke: Vors Fahrrad, zum Beispiel.

«Ja. Das ist eine gute Idee», lobt sie. «Wir müssen bloß ein neues Geschirr und eine flexible Leine für mich kaufen, ein Fahrrad hast du ja schon.»

«Das stimmt», sage ich und freue mich einerseits über ihren Zuspruch. Andererseits wundert es mich ein wenig, dass Happy keine Einwände dagegen zu haben scheint, mich auf dem Fahrrad durch die Gegend zu ziehen.

Sie überlegt einen Moment, dann sagt sie: «Falls dir das mit dem Fahrrad zu unbequem ist, dann könntest du natürlich auch eine Rikscha kaufen und mich davorspannen. Vielleicht spendierst du mir noch so einen Reishut, damit ich dein Sportprogramm auch in glühender Hitze absolvieren kann.»

«Okay», sage ich. «Schon verstanden. Vergessen wir es.»

Sie ignoriert meine Bemerkung. «Oder du kaufst eine

Sänfte und noch drei weitere Labradore, die ungefähr meine Größe haben. Wir vier würden dich mit dem allergrößten Vergnügen überall dorthin tragen, wo dich dein sportlicher Ehrgeiz hinführt.»

«Wie schon gesagt, ich habe es begriffen. Du kannst jetzt aufhören.»

«Okay, dann ist ja gut», erwidert Miss Happy. «Ich wusste nur nicht, ob du ein einfaches ‹Träum weiter, Walter› verstehen würdest.»

«Das hätte ich vermutlich auch kapiert», sage ich, um sofort das Thema zu wechseln. «Machen wir was anderes. Was hältst du von Flyball?»

«Nie gehört. Klingt wie ein Ballspiel. Ich mag Ballspiele.»

«Ich weiß. Deshalb schlage ich dir dieses Spiel vor. Beim Flyball treten immer vier Hunde im Team an. Sie müssen möglichst schnell über Hürden zu einer Flyball-maschine gelangen und dort einen Mechanismus auslösen, der einen Ball freigibt. Den apportiert der Hund, wonach der nächste Hund im Team starten darf.»

Miss Happy sieht mich verständnislos an. «Wie soll das gehen?»

«Es fängt an mit einem Hürdenlauf zu einer Art Ball-maschine», erkläre ich geduldig. «Da muss man einen Auslöser drücken. Und dann spuckt diese Maschine einen Ball aus. Den muss man apportieren.»

Sie wirkt immer noch völlig entgeistert. «Noch mal. Was soll man machen?»

«Einen Ball holen», versuche ich mein Glück. «Aus einer Maschine.»

Miss Happy versteht immer noch nicht. «Warum?»

«Das ist das Spiel.»

«Warum wirft nicht einfach jemand diesen Ball?»

Ich schweige ratlos. Gute Frage.

«Ähm. Das ist das Spiel», wiederhole ich hilflos.

«Aha. Ich glaube, das ist nichts für mich», sagt Miss Happy. «Und für dich ist es auch nichts. Wenn eine Maschine Bälle für mich wirft, dann hast du ja überhaupt nichts mehr zu tun.»

Ich schaue auf meine Liste und sehe, dass sie arg geschrumpft ist.

«Was hast du noch für Vorschläge?», will Miss Happy wissen.

«Obedience», sage ich. «Aber ich glaube, das ist auch nichts für dich.»

«Ist das etwa dieser Hundesport, bei dem es allein darum geht, den Gehorsam des Hundes vorzuführen?»

«Wie schon gesagt, nichts für dich», sage ich und streiche den Begriff von der Liste.

«Dass du überhaupt auf die Idee kommst, wundert mich», sagt Miss Happy. «Das wäre beinahe so, als würde ich dir Dogdancing vorschlagen.»

«Auf gar keinen Fall», erwidere ich prompt. «Seit fünfzehn Jahren weigere ich mich, mit Sabine einen Tangokurs zu besuchen. Wenn ich jetzt mit dir zum Dogdancing gehe, dann wird sie keine Ausrede mehr gelten lassen.»

«Ist okay», sagt Miss Happy. «Ich kann ganz gut darauf verzichten, mit dir zu Discomucke vor Leuten herumzuhüpfen. Was hast du noch auf deiner Liste?»

«Doga», sage ich. «Der letzte Schrei. Yoga mit Hund.»

«Seit wann machst du denn Yoga?», fragt Miss Happy.

«Schon länger. Aber Hundeyoga müsste ich auch erst lernen», antworte ich.

Schweigen. Ratlos betrachte ich meine Liste.

Ebenso ratlos schaut Miss Happy in den üppig blühenden Garten.

«Wollen wir vielleicht einfach in den Park gehen?», fragt sie dann. «Ist gerade so schönes Wetter.»

«Super Idee», sage ich. «Los geht's.»

SUCHEN UND FINDEN

Miss Happy liegt in ihrem Körbchen und beobachtet, wie ich genervt durch die Wohnung laufe.

«Kann ich dir vielleicht helfen?», fragt sie.

«Nein.»

«Sieht aus, als würdest du was suchen.»

«Ich habe gestern zwei Paar Socken gekauft und weiß nicht mehr, wo ich sie hingelegt habe», antworte ich.

«Und das ärgert dich», stellt sie fest.

«Allerdings.»

«Du könntest andere Socken anziehen», schlägt sie vor.

«Ich weiß. Das werde ich auch gleich tun, weil ich heute einen wichtigen Termin habe und nicht zu spät kommen will.»

Interessiert hebt sie den Kopf. «Einen wichtigen Termin. Das klingt spannend.»

«Ist es aber nicht», erwidere ich. «Im Gegenteil. Ich stelle ein Modell vor, mit dem das Unternehmen Kosten sparen kann. Die Materie ist also trocken wie Knäckebrot.»

«Finden die Leute, denen du das vorstellst, es wenigstens interessant?»

«Nein. Die sind aus den gleichen Gründen da wie ich.

Wir machen nur unsere Jobs, und dazu gehören manchmal auch langatmige Vorträge.»

«Wenn alle das langweilig finden, dann macht doch
was anderes», schlägt Miss Happy vor. «Ihr könntet in
den Park gehen und Bälle werfen.»

«Schöne Idee, aber das geht leider nicht. Auch wenn
es eine hübsche Vorstellung ist, dass meine Kollegen im
Stadtpark Bällen hinterherjagen.»

«Schade. Soll ich dir dann wenigstens deine Socken suchen?», fragt Miss Happy, steht auf und rekelt
sich.

«Danke. Das ist nett, aber es sind neue Socken, und
du bist kein besonders guter Spürhund. Ich vermute, du
wirst sie ebenso wenig finden wie ich.»

«Das glaube ich aber schon», antwortet Miss Happy
und trottet in Richtung Flur. «Ich weiß ja außerdem, wo
ich sie versteckt habe.»

Ich seufze leise.

Als sie mir eine halbe Minute später meine neuen Socken vor die Füße legt, fügt sie hinzu: «Ist dir schon mal
aufgefallen, dass man Sachen viel leichter findet, wenn
man weiß, wo man sie suchen muss?»

«Allerdings», sage ich und beginne, meine neuen Socken anzuziehen. «Leider weiß man das zu selten. Die
wirklich wichtigen Dinge im Leben sind ja ungeheuer
schwer zu finden.»

«Brauchst du mir nicht zu sagen», erwidert Miss
Happy. «Wie du weißt, helfen wir Hunde euch Menschen seit Tausenden von Jahren beim Suchen nach
allem möglichen Kram. Wir waren schon dabei, als ihr
Schätze und neue Kontinente gesucht habt. Wir haben

Jagdbeute für euch gesucht und tun das auch heute noch. Wir suchen nach Vermissten, Flüchtigen und Verschütteten. Wir suchen nach Schafen, die sich von der Herde entfernt haben. Wir suchen Trüffel, Drogen, Waffen, Sprengstoff, ja selbst Krankheiten. Kurzum, sobald ihr eine Nase braucht, die besser ist als eure eigene, kommen wir Hunde ins Spiel».

Ich nicke beeindruckt. «So habe ich das noch gar nicht gesehen.»

«Siehste, wir sind eben vielseitig. Falls ich außer deinen Socken also noch irgendetwas anderes für dich finden soll, sag es einfach. Ganz egal, was. Du hast die freie Wahl.»

Ich überlege kurz. «Du könntest eine Goldader in unserem Garten finden.»

Miss Happy legt den Kopf schief. «Echt jetzt? Du bist pleite?»

Ich muss lachen. «Nein, wir sind nicht pleite. Aber wenn es Gold in unserem Garten gäbe, dann könnte ich meinen Job hinschmeißen und müsste nicht andere Leute mit meinen Vorträgen langweilen.»

«Könnten wir dann jetzt sofort in den Park gehen und Ball spielen?», fragt sie.

«Theoretisch schon.»

Grüblerisch blickt sie in den Garten. «Aber um das Gold rauszuholen, müsste alles umgegraben werden, richtig?»

«Das könntest du doch machen», sage ich. «Im Buddeln bist du Weltklasse.»

«Sag ehrlich, müsste der komplette Garten umgegraben werden?», bohrt sie nach.

«Wahrscheinlich», antworte ich. «Aber mit dem Geld, das wir für das Gold bekämen, können wir uns locker einen neuen Garten leisten.»

Wieder blickt sie hinaus und grübelt.

«Ich denke, ich will keinen neuen Garten», sagt sie nach einer Weile. «Ich habe dadraußen eine Menge Sachen versteckt, die ich dann nie mehr wiederfinden würde. Dabei ist das schon schwer genug ohne einen Bagger, der alles durcheinanderbringt. Also werden wir die Goldader wohl da lassen müssen, wo sie ist.»

«Schade», sage ich. «Aber es leuchtet mir natürlich ein, dass deine im Garten vergrabenen Knochen unserem märchenhaften Reichtum im Weg stehen. Jedenfalls danke für das Angebot.»

«Gern geschehen», erwidert sie. «Kann ich sonst noch was für dich tun?»

Ich bin inzwischen dabei, meine Schuhe anzuziehen. «Keine Ahnung. Ich weiß ja nicht, was du sonst noch so alles finden kannst, wenn man dich einfach mal suchen lässt.»

Miss Happy wiegt bedächtig ihren Kopf hin und her. «Ich befürchte, du wärst enttäuscht. Im Gegensatz zu euch Menschen haben wir Hunde nicht den Drang, Dingen auf den Grund zu gehen. Wenn wir etwas suchen, dann, weil es uns unmittelbar nützlich erscheint. Hunde suchen entweder nach etwas Fressbarem oder nach Spielgefährten, oder nach einem gemütlichen Platz, um sich auszuruhen. Ab und zu suchen wir nach Sex, viel öfter aber nach Kuscheleinheiten. Und hin und wieder suchen wir auch Herausforderungen. Dann verfolgen wir Spuren im Wald oder jagen Vögeln hinterher. Dabei geht es uns dann um persönliche Bestätigung.»

«Ist doch interessant», erwidere ich. «Im Grunde suchen wir Menschen ähnliche Dinge. Wir wünschen uns materielle Sicherheit und inspirierende Erlebnisse. Und auch wir suchen nach Liebe und Geborgenheit.»

«Inspirierende Erlebnisse», wiederholt Miss Happy. «Wenn du von deinem Vormittag sprichst, dann klingt das aber nicht, als würden inspirierende Erlebnisse auf dich warten.»

«Leider gibt es Sachzwänge», sage ich. «Da du das Gold in unserem Garten ja nicht rausrücken willst, muss ich Geld verdienen.»

Miss Happy macht es sich wieder in ihrem Körbchen bequem. «Vielleicht ist das ja der Grund, warum Hunde und Menschen so gut zueinanderpassen: Wir helfen euch dabei, das Glück zu suchen. Und wenn es gut läuft und ihr für uns ein paar Bälle werft und dabei all diese Dinge vergesst, die ihr erledigen müsst, um eines Tages nur noch das tun zu können, was ihr wirklich gerne macht, dann schaffen wir es manchmal sogar, das Glück für euch zu finden.»

«Wow. Das hast du schön gesagt», lobe ich. «Und es stimmt. Wir vergeuden viel Zeit mit Dingen, die wir tun, um sie irgendwann nicht mehr tun zu müssen.»

Miss Happy hebt interessiert den Kopf. «Heißt das, du machst heute blau, und wir gehen jetzt in den Park?»

Für drei Sekunden bin ich versucht, genau das zu tun. Leider weiß ich, dass ich meinen einschläfernden Vortrag damit nur aufschieben und nicht aus der Welt schaffen würde. In ein paar Tagen stünde ich an dem gleichen Punkt wie heute Morgen. Es ist wohl besser, heute die Zähne zusammenzubeißen.

«Weißt du was?», sage ich. «Ich mach heut früher Schluss, und wir fahren am Nachmittag in den Wald.»

«Super», freut sie sich und legt den Kopf zwischen die Beine, um ein Nickerchen zu machen.

«Haben wir eigentlich wirklich eine Goldader im Garten?», frage ich.

«Ist doch egal. Ich möchte meinen Garten auf jeden Fall behalten.»

«Vergiss die Frage», sage ich nach kurzem Überlegen. «Ich will ihn nämlich auch behalten.»

RUDELFÜHRER

Miss Happy liegt vor der geöffneten Terrassentür und blinzelt verschlafen in die Morgensonne, während ich Orangen auspresse. Emily und Sabine haben sich zum Frühstück frischen Saft gewünscht. Deshalb bin ich ein bisschen früher aufgestanden, um diesen Wunsch zu erfüllen.

«Wärst du eigentlich gern ein König?», fragt Miss Happy. «Oder meinetwegen auch ein Präsident, oder ein Diktator?» Es klingt beiläufig, etwa wie: Welchen Beatle magst du lieber? John, Paul, George oder Ringo?

Da ich auf das Saftpressen konzentriert bin, habe ich nur mit halbem Ohr zugehört. «Wie war das? Ob ich Diktator werden möchte?»

«Ob du gern der Führer eines Landes wärst, wollte ich wissen. So was wie ein König, ein Präsident oder meinetwegen auch ein Diktator», wiederholt Miss Happy. «Ich dachte, dann könntest du dir jeden Morgen einfach frisch gepressten Orangensaft ans Bett bringen lassen, statt dich mit dieser alten Saftpresse abzurackern.»

«Ich mache das hier gern», sage ich. «Und ich finde es etwas unverhältnismäßig, eine Diktatur zu errichten, nur damit man morgens frisch gepressten Orangensaft ans Bett gebracht bekommt.»

«Aber es hätte ja noch andere Vorteile», erwidert Miss Happy. «Als Diktator müsstest du nie wieder arbeiten. Du könntest Leute, die dir blöd kommen, einfach ins Gefängnis werfen lassen. Und du könntest nach Gutdünken Gesetze erlassen, zum Beispiel die Abschaffung der Leinenpflicht.»

«Aha. Es geht dir also gar nicht um meinen Orangensaft, sondern nur um die Abschaffung deiner Leinenpflicht», stelle ich fest.

Miss Happy nickt. «Klar. Wobei die mich ja sowieso nicht betreffen würde. Als Hund des großen Diktators dürfte ich ohne Leine herumlaufen, wo und wann ich will. Ich könnte sogar ungestraft Vorgärten verwüsten, wenn mir der Sinn danach stünde. Meine Bodyguards würden sich schon darum kümmern, dass mir keine aufgebrachten Untertanen zu nahe kommen. Und die Leute wüssten ja obendrein, dass sie von dir ohne Vorwarnung ins Gefängnis geworfen werden könnten.»

«Verstehe. Du hast in meiner Diktatur also nicht nur Narrenfreiheit, sondern auch eine eigene Leibgarde.»

«Logisch», antwortet Miss Happy. «Diktatoren leben gefährlich. Die Hunde von Diktatoren sollten also ebenfalls auf der Hut sein. Ich befürchte, wenn sie dich eines Tages stürzen und aufknüpfen, dann wird sich der Zorn der Unterdrückten auch gegen mich richten, besonders wegen der vielen umgegrabenen Vorgärten.»

«Siehst du? Ich glaube, allein das ist ein sehr guter Grund, kein Diktator zu werden», sage ich. «Hier ist mein Vorschlag: Du lässt das Umgraben der Vorgärten bleiben. Ich mache meinen Orangensaft weiterhin selbst. So haben wir keine Probleme.»

«Wie wäre es dann mit einem Job als König?», fragt Miss Happy.

«Ich glaube, der letzte allgemein anerkannte König von Deutschland hieß Rio Reiser», sage ich. «Alle selbsternannten Monarchen, die danach kamen, haben meines Wissens einen Riesenärger mit der Justiz bekommen.»

«Oh, ich wusste gar nicht, dass es in Deutschland verboten ist, König zu werden», sagt Miss Happy. «Und Präsident? Kann man denn in Deutschland Präsident werden? Und wäre das was für dich?»

«Bundespräsident, oder was?»

«Keine Ahnung. Ich meine den Chef.»

«Das System ist ein bisschen komplizierter», sage ich. «In Demokratien gibt es verschiedene Regierungsformen, in denen meistens nicht einer allein der Chef ist, zumindest muss er sich mit anderen Leuten abstimmen.»

Ich sehe Miss Happy an, dass sie nur Bahnhof versteht.

«Egal», sage ich wegwischend. «Als Präsident einer Republik wäre ich immerhin ein demokratisch gewählter Repräsentant des Landes. Man kann zwar auch als Präsident in Ungnade fallen und aus dem Amt gejagt werden, landet zum Glück aber meistens nicht am Galgen. Das wäre also auf jeden Fall ungefährlicher als eine Diktatorenlaufbahn.»

«Heißt das, Präsident wär was für dich?», fragt Miss Happy.

«Ich bin mit meinem Leben eigentlich sehr zufrieden», sage ich. «Ich glaube, den Stress und die Verantwortung, ein Land zu führen, würde ich mir gern ersparten, auch wenn der Job bestimmt interessant ist.»

«Du wärst immerhin der Boss. Du bestimmst, was gemacht wird.»

Ich zucke mit den Schultern. «Das ist relativ. Als Präsident hast du vielleicht Entscheidungsgewalt, bist aber trotzdem von vielen Leuten abhängig. Ich glaube, da habe ich lieber nicht das Sagen, dafür aber meine Ruhe.»

«Schade», sagt Miss Happy. «Ich wäre gern ein First Dog geworden. So wie Baltique, der Hund von François Mitterrand.»

«Ach, hast du wieder eine Doku gesehen?», frage ich.

Miss Happy schüttelt den Kopf. «Manchmal erzählen Hunde sich auch untereinander Geschichten. Und gestern im Park, da sprachen wir über unsere berühmten Vorfahren an der Seite berühmter, mächtiger Männer und Frauen. Mit fiel natürlich sofort die schwarze Labradorhündin von François Mitterrand ein. Sie soll im Élysée-Palast gesiezt worden sein, trank nur Mineralwasser und speiste von feinstem Porzellan.»

«Und das würde dir natürlich auch gefallen», rate ich.

«So ein Luxusleben ist bestimmt angenehm», erwidert Miss Happy. «Wichtiger wäre mir aber, dich bei schwierigen politischen Entscheidungen zu unterstützen.»

«Siehst du? Schon ist es passiert. Ich bin noch nicht mal im Amt, da heftet sich auch schon die erste Beraterin an meine Fersen: Miss Happy.»

«Moment mal, ich mache das völlig uneigennützig», sagt sie. «So wie Baltique. Mitterrand hat mal gesagt, dass sie das einzige Wesen ist, das ihn nie um einen Gefallen gebeten hat.»

«Möglicherweise bist du da etwas forscher und fordernder als deine vornehme französische Freundin.»

«Findest du mich nicht dezent genug?», fragt Miss Happy eingeschnappt. «Ich kann auch meine Klappe halten, wenn du willst, und dir schweigend Tipps geben. Viele First Dogs haben ihren Herrchen und Frauchen auf diese Weise geholfen. Churchill soll aufkeimende Depressionen durch Spaziergänge mit seinem Pudel Rufus bekämpft haben. Und Roosevelts Scottish Terrier Fala ließ sich nicht nur gern von Parteifreunden und Sponsoren streicheln. Er hat sich als Hund der Nation auch so medienwirksam in Szene gesetzt, dass er seinem Herrchen politisch enorm nützlich war. Friedrich der Große soll sogar Personalentscheidungen davon abhängig gemacht haben, ob seine Windhunde einen Kandidaten mochten oder nicht.»

«Okay. Schon gut. Ich habe verstanden», sage ich. «Meinetwegen kannst du den Job als meine Präsidentenberaterin haben. Ab dem Tag meiner Amtseinführung bekommst du dein Fressen aus einem Porzellannapf. Dazu gibt es frisches Mineralwasser. Und du wohnst natürlich bei uns im Palast, wo auch immer das sein mag.»

«Und die Bediensteten siezen mich?»

«Wenn Mitterrand das so gehandhabt hat, dann machen wir das auch.»

«Gut. Wobei, Fala hatte auch einen eigenen Schlafplatz in Roosevelts Eisenbahnwaggon. Und einen in der Air Force One. Ich glaube, ihre Körbchen standen sogar auf diversen Kriegsschiffen», gibt Miss Happy zu bedenken. «Stell dir vor, sie war von so gewichtiger nationaler Bedeutung, dass der Secret Service ihr einen eigenen Decknamen gegeben hat.»

«Einen eigene Decknamen kannst du meinetwegen auch haben», sage ich. «Ob ich dir versprechen kann, dass du jederzeit zu Lande, zu Wasser und in der Luft erster Klasse reisen wirst, weiß ich allerdings noch nicht.»

Miss Happy nickt zufrieden. «Ist okay. Wie schon gesagt, bin ich kaum an Privilegien interessiert. Es geht mir darum, politisch etwas zu bewegen.»

«Das ist löblich», sage ich.

«Weshalb ich auch gleich mal mit dir über die wichtigsten Eckpunkte unseres Regierungsprogramms sprechen wollte.»

«Nur damit das klar ist: Ich werde mit dir jetzt nicht über die Abschaffung der Leinenpflicht diskutieren.»

«Oh. Schade. Und über die Abschaffung von Hundesträmden zugunsten freier Strandzugänge für alle Hunde und Menschen gleichermaßen?»

«Auch nicht», sage ich.

«Was ist mit freien Parks?»

«Will ich auch nicht drüber reden.» Die Säfte sind fertig. Ich stelle sie auf ein Tablett, um sie Sabine und Emily ans Bett zu bringen.

«Was ist mit der Abschaffung von nervigen, klimpernden Hundemarken?»

«Weißt du was? Nimm du den Präsidentenjob. Ich will ihn nicht. Ist mir zu anstrengend. Aber falls du jemanden suchst, der dir das Frühstück ans Bett bringt, dann ruf mich an.»

«Danke», sagt Miss Happy.

Ich deute eine Verbeugung an. «Gern geschehen, Frau Präsidentin.»

HYPNOSE

Du … schläfst», höre ich eine beruhigende Stimme sagen. «Du … schläfst tief und fest. Der Schlaf streichelt dich wie eine angenehme Meeresbrise. Du bist zutiefst entspannt und sehr zufrieden. Kein Geräusch kann deinen Schlaf stören. Da sind nur das Rauschen des Meeres und das Gefühl völliger Ruhe und Gelassenheit. Nichts soll dich von diesem entspannenden und belebenden Schlaf abhalten … Rein gar nichts.»

Ich realisiere nach und nach, dass die Stimme nicht im Traum zu mir spricht, sondern real ist. Außerdem begreife ich, dass ich gerade wach geworden bin. Noch liege ich zwar unbeweglich und mit geschlossenen Augen in meinem Bett, das Land der Träume habe ich aber schon verlassen.

«Du … schläfst», höre ich die beruhigende Stimme noch einmal sagen. «Tief und fest. Und morgen, wenn du wach bist, wirst du dich nicht daran erinnern, dass ich im Schlaf zu dir gesprochen habe. Schlaf jetzt weiter. Schlaf.»

Ich bin inzwischen hellwach. Trotzdem atme ich ruhig und gleichmäßig weiter, halte die Augen geschlossen und rühre mich nicht, als wäre ich immer noch im Tiefschlaf.

Die Stimme, die gerade zu mir gesprochen hat, gehört Miss Happy. Ihre Einflüsterungen sind beendet, denn ich höre nun das typische Tippeln ihrer Pfoten auf dem Holzfußboden, allerdings sehr leise. Miss Happy schleicht auf Samtpfoten durchs Haus und bewegt sich dabei in Richtung Küche.

Sabine ist auf einer Tagung, und Emily übernachtet bei ihrer Freundin. Ich bin also mit unserem Hund allein zu Haus, der diese Situation offenbar ausnutzt, um mir im Schlaf Dinge einzuflüstern. Interessant.

Lautlos und vorsichtig schleiche ich durchs Schlafzimmer und dann den Flur entlang in Richtung Küche. Auf dem Weg dorthin höre ich ein leises Ploppen. Zuerst kann ich das Geräusch nicht einordnen.

Als ich die Küche erreiche, die vom Flur aus durch eine Glastrennwand einsehbar ist, wird mir klar, was ich gerade gehört habe: Die Kühlschranktür wurde geöffnet. Miss Happy hat den Handgriff vorsichtig zwischen ihre Zähne genommen und dann behutsam daran gezogen, bis sich die Tür mit einem leisen Ploppen geöffnet hat. Sehr clever und sehr geschickt. Ich bin sicher, das macht sie nicht zum ersten Mal.

Mit dem Rücken zu mir hockt sie im Kühlschranklicht und begutachtet die vor ihr aufgetürmten Köstlichkeiten, indem sie die Nase reckt und die vielen verschiedenen Düfte erschnüffelt. Der Kühlschrank befindet sich oberhalb des Gefrierschrankes, weshalb Miss Happy sich auf die Hinterbeine stellen müsste, um die oben liegenden Köstlichkeiten zu erreichen. Zum Beispiel die Brühwürstchen, die auf einem Teller im mittleren Fach liegen und bestimmt einen besonders verführerischen Duft verströmen. Ich wette, genau darauf hat Miss Happy es abgesehen. Ich muss also nur noch einen Moment warten, dann kann ich sie in flagranti erwischen.

Bei dem Gedanken daran, dass mein Hund gerade versucht hat, mich zu hypnotisieren, um in Ruhe den Kühlschrank plündern zu können, muss ich ein Lachen unterdrücken. Das führt dazu, dass ich mein Gewicht verlagere und dabei eine Holzbohle zu einem kaum hörbaren Ächzen bringe.

Erschrocken schaue ich zu Miss Happy, die augenblicklich erstarrt. Reglos sitzt sie vor dem Kühlschrank und überlegt bestimmt fieberhaft, was sie jetzt tun soll.

Sie muss befürchten, dass ich trotz ihrer Beschwörungsformeln wach geworden bin und hinter ihr im Gang stehe. Den Würstchencoup kann sie also nicht einfach so durchziehen. Ein Blick über die Schulter würde ihr zwar Klarheit bringen, wäre aber auch ein Schuldeingeständnis. Wie soll sie diese Situation plausibel erklären? Schlimmer noch wäre es wohl, wenn ich sie beim Würstchendiebstahl erwischen würde. Das dürfte eine Moralpredigt und Sanktionen nach sich ziehen. Womöglich könnte sie sich wochenlanges Fernsehverbot einhandeln. Was also soll sie tun?

Miss Happy entscheidet sich für eine dritte Variante. Sie taucht unter der offenen Kühlschranktür hindurch, um dieser mit der Nase einen Stubs zu geben, damit sie zufällt. Scheinbar beiläufig schaut sie dabei in meine Richtung. Als sie mich sieht, zuckt sie zusammen und schnauft dramatisch.

«Walter! Himmel! Hast du mich erschreckt. Was machst du hier, mitten in der Nacht?»

«Ich wohne hier», antworte ich.

«Ich weiß. Aber warum bist du wach?»

«Wollte ich dich auch gerade fragen», sage ich und betrete die Küche.

«Ich habe ein Geräusch gehört und wollte nachsehen», lügt Miss Happy beflissen.

«Was denn für ein Geräusch?», frage ich scheinheilig.

«Das war so ein leises Ploppen. Offenbar hat sich die Kühlschranktür von selbst geöffnet. Also habe ich sie wieder geschlossen. Und dann stehst du hier und erschreckst mich fast zu Tode.»

«Aha.» Wie ein Kommissar, der nach Indizien sucht, öffne ich den Kühlschrank und inspiziere den Inhalt, dann die Türfüllung und dann den Türgriff. Zuletzt schließe ich die Tür. «Funktioniert einwandfrei. Seltsam.»

«Ja, seltsam, oder?», pflichtet Miss Happy mir bei.

Ich überlege, ob ich sie zur Rede stellen soll, entscheide mich aber dagegen. Morgen ist auch noch ein Tag. Außerdem habe ich gerade eine hübsche Idee.

«Gut. Dann kann ich ja jetzt wieder schlafen gehen», stelle ich fest.

«Ja, leg dich ruhig wieder hin», sagt Miss Happy. «Ich bleibe in der Küche. Sicherheitshalber, falls das mit der Tür noch mal passiert.»

«Prima», sage ich. «Gute Nacht.»

«Schlaf gut, Walter.»

Ich bin schon im Begriff zu gehen, da halte ich plötzlich inne und tue so, als hätte ich einen Geistesblitz. «Moment!»

Beschwingt gehe ich in mein Arbeitszimmer, hole solides Klebeband und fixiere damit die Kühlschranktür.

Dabei bringe ich das Klebeband so weit oben an, dass Miss Happy nicht die geringste Chance hat, es zu entfernen.

«So ist es viel besser, oder?», sage ich, Zustimmung heischend, und erfreue mich an der betreten dreinschauenden Miss Happy. «Dann hast du heute Nacht wenigstens auch deine Ruhe.»

«Ja. Super», bestätigt sie ohne einen Funken Begeisterung.

«Also dann. Gute Nacht, Miss Happy.»

«Gute Nacht, Walter.»

Wieder im Schlafzimmer, werfe ich einen Blick auf die Uhr. Gleich sechs. Ich könnte mir zwar noch etwas Schlaf gönnen, aber da ich hellwach bin, ist die Nacht gelaufen. Ich frage mich, was Miss Happy wohl noch so anstellen wird, wenn sie denkt, dass ich wieder eingeschlafen bin. Also lege ich mich ins Bett, schließe die Augen und warte.

Es dauert eine Weile, dann ist wieder das leise Trippeln ihrer Pfoten auf dem Holzfußboden zu hören. Sie schleicht ums Bett herum und hockt sich neben mich. «Du ... schläfst. Tief und fest. Morgen früh wirst du mir extraviel Entenfleisch zum Frühstück geben. Und nach dem Frühstück wirst du mit mir an einen See fahren. Denk also immer daran: Mehr Entenfleisch zum Frühstück und dann ein Ausflug zum See ...»

Ich muss zuerst husten und dann lachen. Ich öffne die Augen und drehe den Kopf zur Seite. Unsere Blicke treffen sich.

«Du bist wach», stellt Miss Happy verdattert fest.

«Schon die ganze Zeit», füge ich hinzu.

«Oh.»

«Ich war schon wach, bevor du in die Küche gegangen bist.»

«Oh.»

«Ich weiß also, dass die Kühlschranktür sich nicht von allein geöffnet hat.»

«Oh. Tja. In dieser Hypnose-Doku sah das alles total einfach aus», sagt Miss Happy zerknirscht.

«Du könntest es noch einfacher haben. Wenn du morgen früh einen Ausflug machen willst, dann frag mich doch», sage ich. «Dazu musst du mich jedenfalls nicht hypnotisieren.»

«Echt? Cool. Wir machen einen Ausflug?»

«Ja, warum nicht?»

«Super. Und was ist dem Extra-Entenfleisch?»

Mein Blick verrät ihr, dass sie sich diese Frage hätte sparen können.

«Du kannst ja noch mal drüber schlafen», schlägt sie vor. «Mach einfach die Augen zu und denk an was Schönes. Und dann denkst du zusätzlich noch an Entenfleisch.» Sie wiederholt es mit Trance-Stimme: «Entenfleisch. Entenfleisch.»

«Und? Glaubst du, das hat jetzt funktioniert?», frage ich.

«Abwarten. Das mit dem Ausflug zum See hat ja auch geklappt», erwidert sie. «Denk immer dran, da schwimmen auch ganz viele ... Enten. Schlaf noch ein bisschen, Walter.» Vergnügt tippelt Miss Happy zurück in die Küche. Dabei glaube ich sie monoton flüstern zu hören: «Entenfleisch. Entenfleisch. Entenfleisch.»

HELLSEHEN

I ch kann heute leider nicht mit dir in den Park gehen», sage ich und kippe meinen Espresso in zwei kurzen, schnellen Schlucken. «Keine Zeit. Aber Sabine geht später joggen, die nimmt dich mit.»

«Bist du im Stress?», fragt Miss Happy. Sie liegt entspannt in ihrem Körbchen und gähnt herzhaft.

Ich frage mich, ob ich da einen leisen ironischen Unterton höre, schiebe den Gedanken jedoch beiseite. «Ja. Ein bisschen. Da ist gestern einiges liegen geblieben, und außerdem muss ich für heute Nachmittag noch was vorbereiten.»

«Aha», erwidert Miss Happy. «Mit Sabine ist aber alles okay?»

«Alles bestens. Wie gesagt, sie nimmt dich zum Joggen mit», erwidere ich unkonzentriert. «Also dann, schönen Tag. Ich muss los.»

«Nein, du hast mich falsch verstanden», sagt Miss Happy. «Ich wollte wissen, ob bei euch beiden alles okay ist.»

Ich halte erstaunt inne. «Wie war das?»

«Walter, kannst du mich nicht verstehen, oder willst du mich nicht verstehen?», fragt Miss Happy. «Ich will wissen, ob ihr Eheprobleme habt.»

«Nein. Wie kommst du darauf?»

«Ach nichts, war nur so ein Gedanke», antwortet Miss Happy vage.

«Moment. Gibt es etwas, das ich wissen sollte?», frage ich verunsichert.

«Was weiß denn ich, was du alles weißt?», erwidert sie sybillinisch.

Ich lehne mich gegen den Küchentresen und verschränke die Arme vor der Brust. «Okay. Raus mit der Sprache. Warum versuchst du mich am frühen Morgen in eine Diskussion über meine Ehe zu verstricken?»

«Tue ich das?»

«Lass die Spielchen, Happy», sage ich.

Sie vergräbt ihre Schnauze zwischen den Vorderpfoten und schweigt.

Ich schaue auf die Uhr. «Okay. In zwei Minuten bin ich durch die Tür. Ob du nun redest oder nicht.»

Es dauert eine Weile, aber dann taucht die Hundeschnauze wieder auf.

«Du hast jetzt noch eine Minute», sage ich.

«Vielleicht suche ich das Gespräch mit dir, weil ich es beunruhigend finde, dass du mich neuerdings belügst», antwortet Miss Happy sachlich.

«Wie kommst du denn darauf?», will ich wissen.

«Gestern Mittag bist du auch schon ohne mich in den Park gegangen», sagt Miss Happy vorwurfsvoll.

«Nein. Ich musste noch mal ins Büro. Ich hatte da was vergessen.»

«Und das war eine Lüge», erwidert sie prompt. «Du bist im Park gewesen.»

«Bin ich nicht», sage ich. «Ich war im Büro.»

«Nein. Du warst im Park», beharrt Miss Happy.

«Warum hätte ich ohne dich in den Park gehen sollen?», frage ich. «Wenn ich dort gewesen wäre, hätte ich dich auch mitnehmen können.»

«Heißt das, du gibst zu, dass du im Park warst?», stichelt sie.

«Nein. Ich war im Büro. Aber du hast meine Frage noch nicht beantwortet», stichele ich zurück.

Miss Happy steht auf, streckt sich und hockt sich hin. «Man kann mir nicht vorwerfen, dass ich dir keine Gelegenheit gegeben hätte, diese Sache aufzuklären und deine Lüge zuzugeben. Aber du willst es nicht anders. Also dann: Du hast mich bei deinem gestrigen Ausflug in den Park nicht mitgenommen, weil du dich dort mit der Beagle-Frau getroffen hast. Und das offenbar klammheimlich.»

Mir fällt spontan die Kinnlade herunter.

«Und jetzt sag mir, dass das eine Lüge ist», fügt Miss Happy lässig hinzu.

Ich bin immer noch baff. Sprachlos drehe ich mich zur Espressomaschine und beginne damit, mir noch einen Kaffee aufzubrühen. Einen starken.

«Woher weißt du das?», frage ich, als ich meine Sprache wiedergefunden habe. «Sabine hat mir erzählt, dass du gestern die ganze Zeit im Garten warst. Bist du etwa abgehauen und mir gefolgt?»

Miss Happy schüttelt den Kopf.

«Was dann?»

«Ich habe nur die Beweise ausgewertet», sagt sie. «Das ist schon alles.»

«Welche Beweise?», frage ich.

«Die Gerüche, die an dir haften, erzählen mir jede

Menge Geschichten», erklärt Miss Happy. «Unter anderem die, dass du gestern im Park die Beagle-Frau getroffen hast.»

Mein Espresso ist fertig. Ich stelle ihn auf den Küchentisch und setze mich.

«Und das kannst du tatsächlich riechen?», frage ich
ungläubig.

«Offensichtlich», erwidert Miss Happy. «Manche Forscher behaupten ja, dass wir Hunde einzelne Duftmo-
leküle erkennen können. Klingt zwar abgefahren, aber
wie sollten wir sonst in der Lage sein, Krankheiten zu
riechen, die sich mit herkömmlichen Tests nicht nachweisen lassen?»

«Kannst du das etwa auch?», frage ich. «Krankheiten
erschnüffeln?»

«Keine Sorge. Ich bin zwar kein Diagnosehund, aber
soweit ich das beurteilen kann, seid ihr alle kerngesund.
Du würdest es garantiert sofort erfahren, wenn ich den
Verdacht hätte, dass irgendetwas nicht stimmt.»

Versonnen schüttele ich den Kopf. «Was du da erzählst, klingt ein bisschen gespenstisch.»

«Mag sein, aber so es ist nun mal. Viele Dinge, die ihr
Menschen nicht sehen könnt, können wir Hunde problemlos riechen.»

«Okay. Weißt du, was ich gestern zu Mittag gegessen
habe?», frage ich.

«Du hattest zwei Pudding und einen Espresso mit
Zucker», antwortet Miss Happy prompt. «So viel zu
deinem Plan, eine Weile auf Zucker zu verzichten.»

«Wow. Woher weißt du, dass es zwei Pudding waren?»

«Die Puddingspuren auf deinem Hemd hatten verschiedene Kakaoanteile», antwortet Miss Happy. «Davon abgesehen bist du jemand, der oft und gern eine zweite Portion isst.»

Ich muss lächeln. «Es freut mich, dass deine hellseherischen Fähigkeiten ihre Grenzen haben. Offenbar kannst du trotz deiner Supernase nicht restlos alles erschnüffeln.»

Miss Happy hebt fragend den Kopf. «Was meinst du damit?»

«Ich habe gestern nur einen Pudding gegessen. Den anderen hat sich mein Kollege gegönnt. Da wir uns in der Kantine gegenübersaßen, sind offenbar auch ein paar Puddingmoleküle von ihm auf meinem Hemd gelandet.»

Miss Happy nickt gelassen. «Verstehe. Du willst mir sagen, dass es auch für deine gestrige Begegnung mit der Beagle-Frau eine ganz unverfängliche Erklärung gibt.»

«Ja. Warum auch nicht?», frage ich.

«Weil du auf sie stehst», antwortet Miss Happy. «Das muss ich nicht mal riechen, das kann ich sogar sehen. Obwohl ich wie alle Hunde leider nicht besonders gut sehen kann.»

«Was genau hat dir deine Nase über meine Begegnung mit der Beagle-Frau denn verraten?», frage ich.

«Du hast sie berührt. Da war etwas von ihrem Parfüm an deiner Hand.»

«War denn auch etwas von ihrem Lippenstift an meinen Lippen?»

«Nein», antwortet Miss Happy. «Aber vielleicht hatte sie ausgerechnet gestern keinen Lippenstift aufgetragen.»

«Aber wenn ich sie geküsst hätte, dann wäre doch bestimmt ihr Parfüm auch in meinem Gesicht zu riechen gewesen, oder?»

«Was soll das hier werden?», fragt Miss Happy. «Ein Kreuzverhör?»

Ich schüttele den Kopf. «Das musst du gerade sagen. Eigentlich will ich nur wissen, ob ich auch nur die leiseste Chance hätte, es vor dir zu verbergen, wenn diese Beagle-Frau tatsächlich meine Geliebte wäre.»

Miss Happy wiegt argwöhnisch den Kopf hin und her. «Wenn es einen ganz unverfänglichen Grund gab, die Beagle-Frau heimlich im Park zu treffen, dann solltest du den vielleicht einfach kundtun.»

«Sie heißt übrigens Colette», werfe ich ein.

«Colette. Oho. Die hübsche, junge Colette», höhnt Miss Happy. «Oh, là, là.»

«Colettes Familie lebt in der Bretagne und vermietet dort Ferienhäuser. Ich habe sie gebeten, eines zu suchen, in dem Hunde erlaubt sind, damit wir alle zusammen in den Sommerurlaub fahren können, weil du ja Flugreisen hasst und deswegen nicht mit uns nach Mallorca kommen kannst.»

Jetzt ist es Miss Happy, der die Kinnlade herunterfällt.

«Ich wollte Sabine und Emily erst davon erzählen, wenn die Sache spruchreif ist. Und das gilt für dich natürlich ebenfalls.»

«Du wolltest mich überraschen», sagt Miss Happy tonlos.

«Nicht schlecht», erwidere ich. «Hast du das gerochen oder geraten?»

«Du wolltest mich überraschen, und ich hab dich für

237

einen Fremdgeher gehalten.» Miss Happy schüttelt fassungslos den Kopf. «Ich fühle mich hundeelend.»

«Musst du nicht», sage ich. «Du hast mich zur Rede gestellt, weil du gedacht hast, dass ich Sabine hintergehe.»

«Eben», sagt Miss Happy mit leiser Verzweiflung.

«Und das war richtig», sage ich. «Du wolltest mich davor warnen, einen schwerwiegenden Fehler zu machen. Dazu hat man Freunde.»

Sie sieht mich an. «Echt? Du bist nicht sauer auf mich?»

Ich schüttele den Kopf. «Nein. Ich bin froh, dass wir darüber gesprochen und die Sache aufgeklärt haben. Aber da du jetzt sowieso im Bilde bist, kannst du auch mit in den Park kommen. Ich treffe Colette, weil sie mir Bilder von einem Haus zeigen will, das nicht im Internet angeboten wird. Es soll perfekt für uns sein. Also: Lust auf einen Spaziergang?»

Miss Happy zieht glücklich die Lefzen hoch. «Aber immer.»

LETZTE DINGE

H aben wir eigentlich eine Familiengruft?», fragt Miss Happy.

Ich muss so sehr lachen, dass ich beinahe meinen Kaffee verschütte.

«Ist das ein Nein?», hakt sie pikiert nach.

«Allerdings ist das ein Nein», antworte ich. «Wir haben im Laufe der Zeit zwar schon eine Menge nutzlosen Krempel angeschafft, eine Familiengruft war aber glücklicherweise nicht dabei.»

«Hast du wenigstens schon mal darüber nachgedacht?», fragt sie.

«Sagen wir so: Unser Haus ist noch nicht abbezahlt. Wäre es das, würde ich vielleicht ein Ferienhäuschen kaufen. Danach stünden dann nur noch so zwei- oder dreitausend andere Dinge auf meiner Wunschliste, aber bestimmt käme ich eines Tages auch auf die bekloppte Idee, eine Familiengruft zu kaufen.»

«Dann werden wir also nicht alle zusammen beerdigt?», fragt sie mit todernster Miene.

Wieder muss ich lachen. «Niemand in dieser Familie hat das Bedürfnis, sich in naher Zukunft überhaupt beerdigen zu lassen. Du etwa?»

«Nein, natürlich nicht», erwidert sie. «Aber willst du nicht trotzdem vorbereitet sein?»

«Sagen wir so: Falls ich mich nach meinem Tod darüber ärgern sollte, dass ich keine Familiengruft angeschafft habe, dann wäre das gut, weil es offenbar ein Leben nach dem Tod gibt. Ist das nicht der Fall, dann kann ich mich auch nicht ärgern.»

Sie überlegt, dann nickt sie. «Leuchtet ein. Aber denkst du gar nicht an die Nachwelt? Ich meine, man will doch einen guten Eindruck hinterlassen, oder? Ich zumindest würde das gern. Stell dir vor, wir hätten eine Familiengruft, und in Tausenden von Jahren würden Archäologen sie öffnen. Man fände mein Skelett neben den Skeletten meiner Familie, und es wäre allen sofort klar, was ich euch bedeutet habe. Vermutlich würde man meine Überreste sogar ins Museum stellen, weil ich nach Ansicht der Wissenschaftler ein ganz besonderer Hund gewesen sein muss – was ja auch stimmt.»

«Hast du gestern zufällig wieder eine Doku im Fernsehen gesehen?», frage ich. «Irgendwas über Totenkulte oder so?»

«Allerdings. Im alten Ägypten beispielsweise, da wurden die Hunde der Pharaonen bei ihren Herrn beerdigt. Daran kannst du dir mal ein Beispiel nehmen. Man behandelte Hunde wie Familienmitglieder, sie wurden sogar mit Gold und Edelsteinen geschmückt.»

«Ich weiß», sage ich. «Hast du denn auch mitbekommen, dass diese Hunde getötet wurden, um ihre Herren ins Jenseits begleiten zu können? Wäre das für dich auch okay?»

Miss Happy schüttelt sich erschrocken. «Oh. Das muss ich überhört haben. Aber so eine Pyramide als Grabmal finde ich ohnehin etwas übertrieben.»

«Da bin ich aber wirklich froh, dass du dich für die Nachwelt nicht in einer Pyramide, sondern nur in einer Familiengruft aufsparen willst.»

«Ich bin viel bescheidener, als du denkst», erwidert Miss Happy. «Aber ich werde ja wohl noch fragen dürfen, ob du dich in halbwegs angemessener Weise um meine letzte Ruhe kümmern wirst oder nicht.»

«Nur damit du beruhigt bist», sage ich in jovialem Tonfall. «Ich hatte ganz bestimmt nicht vor, dich in der nächstbesten Tierkörperbeseitigungsanstalt abzugeben.»

«Tierkörperbeseitigungsanstalt?», wiederholt Miss Happy ungläubig.

«Ja, so heißt der Fachbegriff im Amtsdeutsch», erkläre ich. «Ich hab das mal gegoogelt, als Emilys Meerschweinchen gestorben ist.»

Miss Happy schüttelt fassungslos den Kopf. «Ich kann nicht glauben, dass du das in meiner Gegenwart gesagt hast.»

«Was habe ich denn gesagt?»

«Tierkörperbeseitigungsanstalt», wiederholt sie beleidigt.

«Aber das ist doch eine gute Nachricht: Wir werden dir zwar kein Mausoleum bauen, aber du musst auch nicht mit dem Schlimmsten rechnen. Und jetzt würde ich dieses Thema gern beenden. Ich hab nämlich noch nicht gefrühstückt.»

«Moment! Für mich ist dieses Gespräch noch nicht vorbei», empört sich Miss Happy. «Du glaubst doch nicht ernsthaft, dass ich dir jetzt dankbar dafür bin, nicht zu Fischmehl verarbeitet zu werden, oder?»

«Keine Sorge, das macht man nach dem BSE-Skandal sowieso nicht mehr», erwidere ich. «Im Normalfall werden Haustiere verbrannt.»

«Und wenn ich nicht verbrannt werden will, was dann?», bohrt sie nach.

«Dann finden wir eine andere Lösung», versuche ich sie zu beschwichtigen.

«Eine andere Lösung», wiederholt sie spöttisch. «Und was schwebt dir da so vor?»

«Keine Ahnung. Willst du eine Seebestattung? Ich meine, weil du doch so gern schwimmen gehst.»

«Da wird man aber auch zuerst verbrannt. Und wo soll die Familie zusammenkommen, um sich an die wunderschönen Zeiten mit mir zu erinnern, wenn meine Asche übers Meer verstreut ist?», fragt Miss Happy.

«Wir könnten ein Foto von dir aufstellen und uns da versammeln», schlage ich vor.

«Dass ihr ein Foto von mir aufstellt, ist ja wohl das Mindeste», blafft sie. «So langsam habe ich das Gefühl, du würdest nicht mal eine angemessene Trauerfeier für mich auf die Beine stellen.»

«Doch», lüge ich. «Aber können wir das vielleicht später in Ruhe besprechen? Ich muss nämlich langsam los.»

«Du weichst aus.»

Das hat sie gut erkannt.

«Tue ich nicht», sage ich.

«Gut. Welche Musik wird gespielt?»

«Wo?»

«Auf meiner Beerdigung. Welche Musik schwebt dir da vor?»

«Ähm … das soll eine Überraschung werden», improvisiere ich.

«Netter Versuch», erwidert Miss Happy. «Also. Was wird gespielt?»

Ich sage das Erste, was mir in den Sinn kommt: «Candle in the Wind.»

«Candle in the Wind?», wiederholt sie. Es klingt wie: Hast du noch alle Tassen im Schrank?

«Gefällt dir nicht?», frage ich mit Unschuldsmiene.

«Doch. Aber geht es auch weniger abgedroschen?»

«Okay. Alternativ dachte ich an: Ein Hund kam in die Küche und stahl dem Koch ein Ei, da nahm der Koch den Löffel …»

«War ja klar, dass du wieder alles ins Lächerliche ziehen musst.»

«Ja, und das hat einen guten Grund», sage ich. «Du bist gerade mal sechs Monate alt. Denk erst mal über dein Leben nach, bevor du dir über den Tod Gedanken machst.»

«Das würde ich ja gern», sagt sie. «Aber diese Sache geht mir seit der Doku gestern nicht mehr aus dem Kopf. Sie beschäftigt mich so sehr, dass ich an nichts anderes denken kann. Ich glaube, erst wenn alles geklärt ist, kann ich das abhaken und vergessen.»

Ich überlege, wie ich ihr helfen kann. Dann hole ich Stift und Zettel, setze mich an den Küchentisch und sage: «Gut. Ich schreibe mir jetzt auf, was ich für den hoffentlich noch sehr weit entfernten Fall deines Ablebens in die Wege leite, damit deine Beerdigung genau so wird, wie du es dir vorstellst.»

Miss Happy springt hoch, als hätte ich ihr Trockenfutter in der Packung klappern lassen. «Wirklich? Das würdest du für mich tun?»

«Vorausgesetzt, du willst kein unbezahlbares Grabmal, aber darüber reden wir ja jetzt», sage ich nickend. «Falls wir uns einigen, dann hat sich das Thema aber ein für alle Mal erledigt, okay? Kein Wort mehr über Beerdigungszeremonien und Familiengrüfte beim Frühstück. Einverstanden?»

Sie nickt.

«Gut, dann leg mal los.»

«Also. Zunächst einmal: Ich möchte eine kleine Zeremonie im engsten Familienkreis.»

«Klingt schon mal gut», lobe ich.

«Also nur Sabine, Emily und du», fährt Miss Happy fort. «Außerdem Leah, Vanessa, Celine, Silke, Marie, Frau Dr. Fellen und Olli.»

«Das musst du mir erklären», sage ich. «Dass du deine Hundetrainerin und deine Tierärztin zur Familie zählst, kann ich noch einigermaßen verstehen. Aber wieso sollen auch die Nannys von Emily auftauchen?»

«Ich dachte, das freut Emily», sagt Miss Happy.

«Aha. Und warum der Gärtner?», will ich wissen.

«Weil er nicht meckert, wenn ich Löcher grabe.»

«Ich bezahle ihn dafür, dass er sie kommentarlos schließt», wende ich ein.

«Müssen wir das wirklich diskutieren?», fragt sie. «Du wolltest meine Wünsche erfüllen. Wenn du jetzt schon was auszusetzen hast, dann könnte das hier sehr lange dauern.»

Ich nicke. «Okay. Weiter.»

«Ich möchte außerdem, dass meine Freunde Hasso,

Ringo, Bella, Sunny, Loki, Hunter, Rex, Daisy und Leo eingeladen werden.»

«Da deine Freunde mit ihren Herrchen oder Frauchen kommen werden, sind das fast zwanzig Leute mit neun Hunden», überschlage ich.

«Ja, das macht aber nichts», sagt Miss Happy. «Wir brauchen sowieso einen größeren Saal, schon der Blumen und der Musiker wegen. Außerdem kommen während meiner dreitägigen Aufbahrung vielleicht noch andere Trauergäste, um sich zu verabschieden.»

«Ach, du wirst aufgebahrt?», sage ich. «Interessante Idee.»

«Genau. Ich dachte an einen Eichensarg in Form eines Hundekörbchens. Ich möchte dort auf meiner Lieblingsdecke liegen, umringt von meinem Lieblingsspielzug.»

«Aha. Und was sind das für Musiker?»

«Nur ein Kammermusikorchester», erklärt Miss Happy. «Nichts Weltbewegendes. Sechs oder sieben Leute, maximal acht.»

«Wenn du sagst, wir brauchen einen größeren Saal, dann benötigen also die Blumen viel Platz», kombiniere ich.

«Allerdings. Ich wünsche mir hundert weiße Orchideen», antwortet Miss Happy. «Die mochte ich schon immer.»

«Und warum ausgerechnet hundert?»

«Ich finde, das klingt gut. Außerdem stelle ich mir das ziemlich effektvoll vor: Ich, pechschwarz, in einem Meer aus schneeweißen Orchideen.» Nachdrücklich fügt sie hinzu: «Du musst dem Präparator unbedingt sagen, dass er mein Fell mit Kokosöl einreiben soll, damit es schön glänzt. Schreib dir das auf.»

Ich stutze, weil Miss Happy beinahe enthusiastisch klingt, wenn sie über ihre Beerdigung spricht. Vielleicht ist das nur eine durch die Pubertät bedingte Phase, in der unser Hund einen Hang zu morbiden Themen hat, denke ich und frage: «Was sollen die sechs bis acht Musiker spielen?»

«Candle in the Wind», antwortet sie prompt und verzieht dabei keine Miene. «Aber bitte erst bei der Enthüllung des Grabsteins. Ich wünsche mir schlichten Marmor in Form eines großen Knochens mit der Aufschrift: Hier liegt der Hund begraben.»

Sie zieht die Lefzen zu einem Grinsen hoch und schnauft begeistert.

«Du verarschst mich», stelle ich nüchtern fest.

«Schon die ganze Zeit», gibt sie zu und zieht die Lefzen noch ein wenig höher. «In der Doku gestern ging es übrigens um Tierfriedhöfe. Abgefahren, was Menschen so alles für ihre Tiere tun. Ich wollte mal wissen, ob du auch so einer bist.»

Grinsend schiebe ich meinen Notizzettel beiseite. «Nicht schlecht. Dann also keine Bilderbuchbeerdigung.»

Sie schüttelt den Kopf. «Nein. Das ist wirklich nicht nötig. Du kannst mich meinetwegen irgendwo verbuddeln. Wenn du mir einen Gefallen tun willst, dann begrab mich im Garten unter dem Birnenbäumchen. Da ist es im Sommer bestimmt schön schattig.»

«Okay. Abgemacht», sage ich kurz entschlossen. «Du bekommst deinen Platz unter dem Birnbaum, und wir beide reden ab sofort für mindestens fünfzehn Jahre nicht mehr über dieses Thema.»

Sie nickt. «Einverstanden. Wenn ich allerdings so drüber nachdenke, dann fände ich es schon schön, wenn du Candle in the Wind für mich singen würdest.»

«Ich singe miserabel», gebe ich zu bedenken.

«Das macht nichts», erwidert sie. «Ich weiß ja, dass es von Herzen kommt.»

IM RAMPENLICHT

W ir müssen über meinen neuen Film reden», verkündet Miss Happy.

Ich seufze. Das Thema hatten wir in den letzten Tagen häufiger.

«Du hast einen Kurzauftritt in einer Vorabendserie», erkläre ich. «Es ist also kein Film, und es ist erst recht nicht dein Film. Es kann auch nicht dein neuer Film sein, weil es keine alten Filme von dir gibt.»

«Na und? Klappern gehört zum Handwerk», erwidert Miss Happy ungerührt. «Und das gilt besonders fürs Filmgeschäft. Du als mein Agent solltest das eigentlich wissen.»

«Ich bin nicht dein Agent», widerspreche ich.

Sie überhört den Einwand. «Hast du das Drehbuch inzwischen gelesen?»

«Wieso inzwischen?», frage ich. «Sie haben es erst gestern geschickt.»

«Hast du nun, oder hast du nicht?» Unsere vierbeinige Filmdiva macht eine ungehaltene und wegwischende Kopfbewegung.

«Aber sicher.». Das stimmt nicht ganz, in Wahrheit habe ich es nur überflogen, aber das reichte schon für ein umfassendes Bild der dünnen Story: Hund rettet kleines Mädchen, das von zu Hause abgehauen ist.

«Dein Auftritt ist in Szene vier», füge ich hinzu.

«Schon klar, nur wieso hat mir niemand gesagt, dass es noch zig andere Szenen gibt, in denen ich gebraucht werde? Ich meine, ich muss mich doch irgendwie vorbereiten. Was denkt diese Produktion, wie das in so kurzer Zeit gehen soll? Das hätte übrigens dir als meinem Agenten auch mal auffallen können. Jetzt hängt wie üblich wieder alles an mir.»

«Ich bin nicht dein Agent», sage ich ruhig. «Und die Antwort lautet: Weil nicht du diese Szenen spielst, sondern ein anderer Hund.»

«Ein anderer Hund?» Miss Happys Augen weiten sich. «Was denn für ein anderer Hund?»

«Du bist eines von mehreren Doubles für die Hauptdarstellerin. Das ist eine junge Labradorhündin, die sich den Vorderlauf vertreten hat und deshalb gerade nicht so schnell rennen kann. Deshalb sollst du sie in der Szene, wo sie ausreißt, um das kleine Mädchen zu retten, doubeln. Dein Job ist es, wie der Wind über die Wiese zu flitzen, um schließlich im Wald zu verschwinden. Und das war dann auch schon dein Auftritt.»

«Heißt das etwa, die haben mich nicht genommen, weil ich eine Charakterdarstellerin bin, sondern nur, weil ich schnell laufen kann?», fragt sie verärgert.

«Ich bin sicher, beides war ausschlaggebend», lüge ich schamlos.

Abrupt verdüstert sich ihre Miene. «Sei ehrlich, Walter. Ist meine Schauspielkunst gefragt, oder muss ich nur laufen wie ein Hase?»

«Du, keine Ahnung. Das entscheide nicht ich, sondern der Regisseur», versuche ich mich rauszureden.

«Sag mir einfach, ob mein Gesicht im Film zu sehen sein wird.»

«Es ist kein Film, sondern eine Vorabendserie», wende ich ein.

«Wird mein Gesicht zu sehen sein?», wiederholt sie dezidiert.

«Nein», gestehe ich. «Tut mir leid, aber die drehen inzwischen alle Folgen mit Little Lucy, weil …»

«Ich denke, die Heldin heißt Lina Labrador», fällt Miss Happy mir unwirsch ins Wort.

«Nein, so heißt die Serie», erkläre ich ruhig. «Gespielt wird Lina Labrador von besagter Little Lucy. Die war schon in mehreren Shows zu Gast und ist inzwischen so bekannt, dass die Produzenten sich entschlossen haben, sie offiziell zu Lina Labrador zu machen.»

«Aber ich könnte die viel ausdrucksstärkere Lina Labrador sein», hält Miss Happy mit leiser Verzweiflung dagegen. «Ich hatte die Szene schon komplett durchgestellt. Das können die mir nicht antun. Die bringen mich glatt um den Filmpreis. Sieh es dir an!»

Urplötzlich verharrt sie wie ein Jagdhund auf der Pirsch, der Witterung aufgenommen hat. Sie streckt den Kopf, reckt die Nase. Dabei späht sie in die Küche, als könnte man irgendwo hinter dem Geschirrspüler ins Gelobte Land schauen.

«Darf ich fragen, was du da machst?»

«Ich nehme die Witterung des verschwundenen Mädchens auf», erklärt Miss Happy, während ihr nun langsam Tränen in die Augen treten, die wenig später auf den Boden tropfen.

«Alles okay mit dir?», will ich wissen.

«Ja, nur der Gedanke an das kleine Mädchen und sein ungewisses Schicksal macht mich unfassbar traurig. Deshalb die Tränen.»

«Verstehe», sage ich.

Sie schüttelt sich, schnauft einmal kurz und hebt dann entschlossen den Kopf. Die Muskeln sind gespannt, sie ist bereit zum Absprung.

«Und jetzt würde ich wildentschlossen losstürmen», erklärt sie. «Wobei ich dem Regisseur vorschlagen wollte, dass ich nicht durch die angelehnte Tür abhaue, sondern einen Strick zerreiße, mit dem ich gefesselt bin.»

«Was denn für ein Strick?», frage ich und versuche mich an die betreffende Stelle im Drehbuch zu erinnern.

«Na, man hat mich mit einem Strick vor dem Haus festgebunden», erklärt Miss Happy.

«Steht das im Drehbuch?», frage ich perplex.

«Noch nicht. Aber das sollten wir unbedingt ändern. Das ist dramatischer und nebenbei für mich schauspielerisch die größere Herausforderung.»

«Und wer soll dich vorm Haus angebunden haben? Die Familie von Lina Labrador würde ihren geliebten Hund nie im Leben vorm Haus anbinden.»

«Na wer schon? Die Entführer natürlich», antwortet Miss Happy prompt.

«Welche Entführer?»

«Die Entführer des kleinen Mädchens.»

«Das kleine Mädchen ist nicht entführt worden, es ist von zu Hause weggelaufen.»

«In der neuen Drehbuchfassung wird es entführt worden sein», erwidert Miss Happy. «Es ist nämlich viel ansprechender, wenn ich das Mädchen nicht in einem alten Fuchsbau finde, sondern es aus den Händen der Entführer befreie. Und das in einem Kampf auf Leben und Tod, während über uns schon die Polizeihubschrauber kreisen.»

«Vorabendserien haben keine Spielfilmbudgets», wende ich ein. «Vielleicht wird das kleine Mädchen nur deshalb in einem alten Fuchsbau gefunden, weil man sich keinen Showdown mit Polizeihubschraubern leisten kann.»

«Das werden wir noch sehen», erwidert Miss Happy. «Wenn die Produktion und der Sender erst verstanden haben, dass mein Gesicht und ein neues Drehbuch der Serie zum Durchbruch verhelfen werden, dann spielt Geld überhaupt keine Rolle mehr.»

«Das siehst du falsch», sage ich. «Die Serie ist längst wahnsinnig erfolgreich. Deshalb werden die Produktion und der Sender auch garantiert nichts am Konzept oder der Besetzung ändern. Wenn nicht zufällig Sabines Freundin Ilka als Requisiteurin bei dieser Produktion arbeiten würde, dann hättest du nicht einmal die Chance bekommen, dort als Double aufzutreten.»

«Was soll das wieder heißen? Dass ich mir meine Träume verkneifen muss und zufrieden sein soll mit dem, was ich habe?»

«Ganz genau. Immerhin kriegst du hundert Mäuse für deinen Auftritt. Da sind einige Hundekuchen für dich drin, würde ich sagen.»

«Walter, als mein Agent weißt du doch, dass es mir nicht ums Geld geht, sondern allein um die künstlerische Qualität meiner Arbeit.»

«Ich bin nicht dein Agent», sage ich. «Aber es ist gut

zu wissen, dass du dir nichts aus Geld machst. Ich hatte ohnehin vor, mir deine Gage komplett unter den Nagel zu reißen.»

«Tu das. Aber versprich mir auch, dass du der Produktionsfirma meine Vorschläge unterbreitest. Und ich verlange ein Casting, um zu beweisen, dass ich die bessere Lina Labrador bin.»

«Das werde ich dir sicher nicht versprechen», sage ich. «Weil wir unseren kleinen Ausflug in die Filmwelt dann glatt vergessen können.»

«Walter, entweder du arrangierst dieses Casting für mich, oder du bist die längste Zeit mein Agent gewesen», droht Miss Happy.

«Du willst mich feuern?», frage ich. «Nur zu.»

Sie sieht mich ungläubig an, dann dreht sie beleidigt den Kopf zur Seite.

«Okay, Walter. Du hast gewonnen. Ich tue es. Aber ich tue es nicht für die Produktionsfirma und nicht für den Sender. Sowieso nicht fürs Geld. Ich tue es nicht einmal für dich, Walter.» Sie macht eine Kunstpause, dann fügt sie mit bebender Stimme hinzu: «Ich tue es ganz allein für mein Publikum.»